MW01519127

« Il me semble bien que le miso puisse être une des composantes les plus importantes de l'alimentation d'un individu… J'ai pu observer que, à de rares exceptions près, les familles consommant du miso sur une base quotidienne ne sont presque jamais malades… En prenant du miso chaque jour, on améliore sa constitution physique et on développe ainsi une résistance aux maladies. Je suis convaincu que le miso se classe parmi les médecines de la plus haute gamme possible : celles qui aident à prévenir les maladies et qui renforcent le corps lorsqu'on les pratique au quotidien. »

Dr. Shinichiro Akizuki,
Directeur de l'hôpital Saint Francis,
Nagasaki, 1965 et 1980, cité dans Shurtleff
et Aoyagi, *The Book of Miso*, 1983.

© 2001, Les Aliments Massawippi Inc. 2ième édition, 2005.

ISBN : 0-9689781-0-X
Dépôt légal - Bibliothèque nationale du Québec, 2001
Dépôt légal - Bibliothèque nationale du Canada, 2001

Publié par :
Les Aliments Massawippi Inc.
C.P. 2718
North Hatley (Québec)
J0B 2C0 CANADA
Courriel : alimas@sympatico.ca
Site Web : www.alimentsmassawippi.com

*Tous droits de reproduction et d'adaptation réservés pour tous les pays. Les photocopies pour usage personnel
sont permises. Les photocopies pour usage commercial, de groupe ou à des fins lucratives nécessitent une
autorisation de l'auteur.*

Table des matières

R e m e r c i e m e n t s

Je tiens d'abord à remercier Gilbert,
mon compagnon de vie et partenaire, pour
son humour, ses encouragements et son aide
dans la conception de ce livre de cuisine.
Grand merci également à ceux et à celles,
ami(e)s et collaboratrices, qui ont activement
contribué à la mise au point de certaines
recettes, lorsque nous nous ingéniions à
intégrer le miso dans nos habitudes culinaires
respectives. Un merci tout spécial à Nada
Terziç Stevanoviç qui a mis plusieurs de ces
recettes à l'épreuve.

Merci à Francine Masson, conseillère
en marketing du Réseau canadien de tech-
nologie, pour ses conseils judicieux quant
au contenu et à la présentation de ce livre.
Grâce à son insistance, nous avons ajouté
les photographies qui l'agrémentent.

Suzanne Dionne

Suzanne Dionne, sixième enfant d'une famille de quatorze, est une professionnelle de l'alimentation, diplômée de l'Université Laval au début des années 80.

Après cinq années passées à travailler en recherche au Centre de recherche en nutrition de l'Université Laval, elle s'envole pour l'Afrique centrale et y vit quelques années. Au cours de cette période, elle travaille dans des centres nutritionnels et y introduit les techniques de fabrication d'aliments de santé (lait de soya, aliments de sevrage, céréales pour bébé). De plus, elle agit à titre de conseillère, auprès de divers groupes de femmes, à la mise sur pied de petites entreprises de transformation alimentaire (miso, boulangerie, tofu, céréales à déjeuner, etc.).

De retour au Québec, Suzanne et son conjoint s'installent dans les Cantons de l'Est, avec le projet d'établir une entreprise de transformation agroalimentaire orientée vers la recherche et le développement d'aliments de santé naturels et biologiques.

En octobre 1999, après avoir complété une maîtrise en administration des affaires, son projet d'entreprise devient réalité. Les Aliments Massawippi inc. démarre ses activités en janvier 2000, en fabriquant du miso tout en aménageant un laboratoire et en mettant au point d'autres aliments destinés à améliorer la santé. En juin 2001, Suzanne reçoit le Prix Entrepreneurship féminin du Concours québécois en entrepreneurship 2001.

Depuis toujours, le maintien et l'amélioration de la santé sont ses motivations profondes lorsqu'il est question de transformation alimentaire et de cuisine.

Voici ce qui pourrait bien être une première, en langue française : un livre de cuisine spécialement consacré au miso. Cette délicieuse pâte de soya fermentée, dont les techniques millénaires de fabrication nous proviennent d'Asie et dont le goût n'est pas sans rappeler celui des concentrés de bœuf et de poulet, est entièrement végétale. Son goût se cultive, tout comme celui des bons vins et des fromages, dont les procédés de fabrication s'apparentent à celui du miso.

Dans un monde de plus en plus étroit, où la « malbouffe » soutenue honteusement par une agro-industrie impitoyable à l'égard de la nature fait ses ravages dans tout l'Occident, le miso non pasteurisé peut faire contrepoids en apportant plus de vie aux aliments du quotidien, sans OGM, de préférence.

Le miso non pasteurisé est un aliment vivant. Il contient des lactobacilles, des enzymes et d'autres micro-organismes bénéfiques pour le corps. Ses lactobacilles offrent une protection contre les organismes pathogènes (bactéries *E. coli*, salmonelles, *Shigella*). Ses enzymes rendent les aliments plus digestes et favorisent une meilleure assimilation des nutriments. Ces composantes contribuent à réduire les problèmes du système digestif tels que l'acidité, les ulcères, la maladie de Crohn, la constipation, les intolérances (au lactose, à l'amidon, au gluten, etc.) et les allergies alimentaires. D'autres composantes, comme la lécithine, l'acide linoléique et les isoflavones aident à contrôler le taux de cholestérol.

Plusieurs travaux scientifiques, réalisés en divers endroits en Asie et aux États-Unis, ont amené les chercheurs à observer les propriétés bénéfiques des composantes du miso pour la santé. Autres exemples : les isoflavones du soya peuvent jouer un rôle important dans la prévention des maladies cardiovasculaires et de certains cancers ainsi que dans l'atténuation des symptômes de la ménopause; la preuve a été faite que la consommation quotidienne de deux tasses de bouillon de miso constitue une protection contre l'hypertension. Le miso peut être considéré comme un nutraceutique, c'est-à-dire un aliment ayant une action favorable à la santé ou des propriétés préventives ou curatives. En fait, il est certainement permis de dire que le miso est un aliment qui contribue au maintien et à l'amélioration de la vitalité.

Le miso, aliment complet sans cholestérol et faible en gras, contient plusieurs vitamines du complexe B et tous les acides aminés essentiels, c'est-à-dire ceux que le corps ne fabrique pas par lui-même et qui sont indispensables au maintien d'une bonne santé. De plus, ce qui n'est pas négligeable, une portion de miso, c'est-à-dire une cu. à thé comble (10 g), contient seulement 15 calories, ce qui en fait un aliment idéal pour toute diète amaigrissante.

Ce livre propose de découvrir les saveurs d'une cuisine du monde que l'auteure s'est ingéniée à adapter en y intégrant le miso. Certaines recettes sont de son cru, alors que d'autres sont des classiques de la cuisine de divers peuples du monde. On trouve donc ici une quarantaine de recettes, des entrées aux plats principaux, en passant par les soupes, les salades et les plats d'accompagnement. Des mets faciles à préparer, délicieux, aux saveurs connues ou à découvrir, auxquels s'ajoutent quelques recettes utiles pour les diètes particulières, le sevrage des enfants ou, simplement, la préparation d'aliments de base.

Presque toutes les recettes présentées ici n'exigent l'ajout d'aucun sel, le miso étant déjà salé. D'ailleurs, il peut remplacer le sel dans la plupart des préparations culinaires. En prenant connaissance de ces recettes, vous découvrirez que le miso est un aliment versatile que l'on peut ajouter à la plupart de ses recettes préférées. Alors laissez libre cours à votre imagination, improvisez, faites vos expériences, créez de nouvelles recettes et amusez-vous.

Enfin, il faut éviter de cuire le miso non pasteurisé, autant que faire se peut, afin d'en tirer tous les avantages possibles pour la santé. Il est donc préférable de l'ajouter après la cuisson ou dans l'assiette.

Bon appétit... À votre santé!

le miso

Le miso, vous connaissez?

Le miso (les Japonais prononcent «misso») esl une pâle fermentée savoureuse, à haute teneur en protéines, composée de fèves de soya, d'une céréale comme le riz ou l'orge, de sel et d'eau. Il peut être de couleur beige ou jaune pâle à brun chocolat foncé, et sa texture ressemble à celle du beurre d'arachide. Mais là s'arrête la comparaison. Le miso peut être employé comme assaisonnement dans les soupes, comme base pour la confection de bouillons ou de sauces et comme élément entrant dans la préparation de plats cuisinés. Très facile d'apprêt, puisqu'on n'a qu'à l'incorporer directement à la nourriture déjà préparée, il constitue un formidable substitut à la viande. On peut le consommer tous les jours, à raison d'environ 20 g par personne, ce qui équivaut, par exemple, à deux bols de soupe par jour (Steinkraus, 1983).

Le miso est connu en Chine depuis environ 2500 ans sous le nom de *chiang* et il aurait été introduit au Japon au VIIe siècle, vraisemblablement par un moine bouddhiste chinois. Au VIIIe siècle, la cour impériale du Japon possédait déjà un ministère chargé de la sécurité alimentaire, où le miso occupait une place importante. Cet aliment faisait même partie du salaire des agents gouvernementaux, tout comme le riz, le sel, le soya et d'autres types de fèves et de graines.

Quelque 75 % des Japonais commencent leur journée avec une soupe au miso, un aliment stimulant, vivifiant et énergisant dépourvu des effets nocifs du café (Monette, 1989). Son effet alcalinisant réveille le corps et l'esprit, tout en fournissant une énergie de qualité qui durera tout l'avant-midi.

Considérant l'importance grandissante accordée aux aliments à base de soya dans l'alimentation contemporaine, on peut dire du miso qu'il est, à juste titre, le *Bovril* des années 2000, son goût et son utilisation étant semblables à ceux du célèbre bouillon.

Il importe de rappeler qu'afin d'en tirer tous les avantages pour la santé, le miso ne doit pas avoir été pasteurisé ; la mention « non pasteurisé » devrait apparaître sur l'étiquette du produit. Aussi celui qui est vendu dans des sachets emballés sous vide est pasteurisé ; les enzymes, les lactobacilles et les autres microorganismes amis n'ont pas survécu au traitement. Enfin, un miso de longue fermentation peut se conserver au réfrigérateur pendant plusieurs mois, voire des années.

La fabrication du miso: un art!

Le miso résulte d'une double fermentation. La céréale, une source amidonnée comme le riz ou l'orge, est cuite à la vapeur afin d'obtenir le degré d'humidité optimal pour la croissance de la culture. Les grains sont ensuite inoculés avec une souche d'*Aspergillus oryzae* et de lactobacilles, puis sont mis à fermenter pendant environ 45 heures, jusqu'à ce que chaque grain soit enrobé d'un mycélium blanc et qu'on obtienne ce qu'il est convenu d'appeler le *koji*. La première fermentation requiert un environnement particulier : chaleur, humidité et conditions aérobies, c'est-à-dire en présence d'oxygène. Après la première fermentation, on combine le koji avec les autres ingrédients, on broie le mélange et l'on procède à la deuxième fermentation. Celle-ci doit se faire en conditions anaérobies, c'est-à-dire sans air.

Il faut trois jours pour réaliser toutes les étapes de fabrication avant la mise en cuve pour la seconde fermentation, laquelle peut durer de une semaine à deux ans et même trois, selon le type de miso recherché. Il en existe, en effet, une très grande variété, sa fabrication relevant d'un art complexe dont l'importance en Asie se compare à celle de la production du fromage ou du vin chez les Occidentaux (Monette, 1989).

Procédé de fabrication du miso

Nettoyage des grains → Trempage → Cuisson à la vapeur → Refroidissement → Inoculation → 1ère fermentation (45 heures)

Nettoyage du soja → Trempage → Cuisson à l'eau → Refroidissement

Sel et liquide → Mélange

Mélange → Broyage → 2e fermentation → Conditionnement

qualités nutritionnelles

Des qualités nutritionnelles exceptionnelles

Le principal ingrédient du miso est le soya (ou soja, chez les Européens), une légumineuse originaire d'Asie cultivée depuis plus de 3000 ans. Ainsi, le miso fait partie des principales sources de protéines dans l'alimentation, avec les autres légumineuses, le tofu, les noix et les graines, le poisson et les fruits de mer, les œufs, la volaille, les produits laitiers et les viandes.

La fabrication du miso est basée sur l'hydrolyse enzymatique qui permet de scinder les molécules complexes en molécules beaucoup plus simples. Par exemple, les protéines du soya et de la céréale complémentaire (le riz ou l'orge) sont scindées en acides aminés et en peptides de basse densité. Cela les rend plus digestibles et en favorise l'assimilation. Il en est de même pour les glucides, les lipides et les autres nutriments.

En plus d'avoir bon goût, le miso contient tous les acides aminés essentiels, ce qui en fait une source de protéines complète qui n'a absolument rien à envier aux sources de protéines animales. Les acides aminés du miso sont bien équilibrés puisque les protéines du soya et du riz, par exemple, sont complémentaires : la lysine, abondante dans le soya, complète une céréale comme le riz, qui en contient peu. Sa haute valeur nutritive réside aussi dans sa teneur en vitamines du complexe B et en éléments minéraux (voir le tableau suivant).

Analyse nutritionnelle du hatcho* miso

	Eau	Énergie	Protéines	Lipides	Glucides totaux	Fibres
par 100 g de miso	40 %	224 cal	21 g	10,2 g	12 g	1,8 g

	Calcium	Phosphore	Fer	Vit. A	Vit. B1	Vit. B2	Niacine
par 100 g de miso	154 mg	264 mg	7,1 mg	0 U.I.	0,04 mg	0,13 mg	1,3 mg

* Variété de miso
Source : Standard tables of food composition, Japan

En général, 60 % des lipides contenus dans le miso sont des gras polyinsaturés, 20 % sont des monoinsaturés, tandis que seulement 20 % sont des gras saturés. Le miso ne contient pas de cholestérol, et son contenu en lécithine permet même d'en contrôler le taux.

Fait encore plus intéressant et important relativement à l'alimentation actuelle, le miso non pasteurisé facilite la digestion et l'assimilation. Issu d'une fermentation en milieu solide, il contient des micro-organismes et pas moins d'une cinquantaine d'enzymes différentes, très bénéfiques pour le corps.

Quelques uns des bienfaits de la fermentation

Si l'on manque de vitamines, ce qui n'est pas rare avec le mode d'alimentation moderne, on dispose de deux moyens simples pour en fabriquer : la germination des graines et la fermentation. Les micro-organismes synthétisent les vitamines du groupe B et, parfois, la vitamine C.

Un soya qui a fermenté pendant 40 heures a une teneur en vitamines nettement supérieure à celle du soya non fermenté, comme en témoigne le tableau suivant.

Teneur en vitamines du soya fermenté par rapport au soya non fermenté (Aubert, 1985)

Vitamine	Augmentation (nombre de fois)
Riboflavine (vitamine B2)	2 à 47 fois
Niacine (vitamine PP)	2 à 5 fois
Pyridoxine (vitamine B6)	4 à 14 fois
Biotine	2 à 3 fois
Vitamine B12	33 fois
Acide pantothénique (vitamine B5)	2 à 4 fois

De plus, si l'aliment fermenté favorise l'activité de la flore intestinale lactique, cette dernière synthétise la vitamine B1 (thiamine) en plus grande quantité. On a aussi observé la synthèse des vitamines B1, B2 et PP lorsque le riz est fermenté avec des légumineuses, ce qui est le cas dans la fabrication du miso.

Enfin, la fermentation inactive les facteurs antinutritionnels présents normalement dans le soya tels que l'inhibiteur de la trypsine, les hémagluténines et l'acide phytique[1].

Composante idéale d'un régime amaigrissant

Le miso est un aliment hypocalorique. Sa teneur en gras est faible et il ne contient en moyenne que 15 calories par portion (1 c. à thé comble ou 10 g). Il s'avère donc très intéressant pour les personnes qui veulent contrôler leur poids. Les protéines procurent une sensation de satiété précoce, ce qui aide à manger moins de calories, sans pour autant qu'on ressente la faim (Cyr, 30 juin 2001). De plus, étant donné la présence de glucose issu de la fermentation et assimilable dès l'ingestion, la faim, là encore, est vite calmée.

[1] Cet acide se combine dans l'organisme avec le calcium, le fer, le magnésium et le zinc pour former des phytates insolubles éliminés par l'organisme. Selon certains auteurs, cette élimination pourrait provoquer une déminéralisation chez les gros consommateurs de céréales complètes, dans lesquelles l'acide phytique n'a pas été décomposé.

aliment vivant

Le miso non pasteurisé : un aliment vivant

Dans une perspective de saine nutrition, on reconnaît de plus en plus l'importance de consommer des aliments frais et vivants. On connaît également l'action positive des aliments fermentés sur l'organisme et la santé; on n'a qu'à penser au yogourt, au miso et aux légumes lactofermentés.

L'importance de l'apport d'enzymes

Les enzymes présentes en grande quantité dans les aliments frais permettent de réduire les molécules complexes en molécules plus simples, plus facilement digestibles. Par exemple, les lipases président à la digestion des gras et permettent d'absorber les vitamines solubles du gras (vitamines A, D, E, K et tous les carotènes), tandis que les amylases se chargent de scinder les hydrates de carbone (sucres et amidons). La nature a organisé les choses de telle sorte que les enzymes présentes naturellement dans les aliments aident à la digestion au lieu de forcer les enzymes digestives du corps à en supporter toute la charge. Malheureusement, la plupart de nos aliments ont subi des traitements de chaleur (cuisson, pasteurisation et autres stérilisations), et les enzymes digestives sont sensibles à la chaleur.

L'ajout d'enzymes végétales à l'alimentation permettrait donc de mieux digérer. L'importance de cet ajout est d'autant plus grande sachant que l'activité enzymatique s'affaiblit chez les personnes vieillissantes et que les cas de carence ou d'insuffisance enzymatique provoquent des désordres digestifs tels que coliques, flatulence, hyperacidité et intolérances diverses. Plusieurs déficiences en enzymes ont été clairement établies en rapport direct avec une indisposition à bien digérer certains aliments : à titre d'exemple, l'absence de la lactase qui provoque une incapacité à digérer le lactose (LactAid, 1960). On a observé beaucoup d'effets bénéfiques attribuables à l'absorption orale d'enzymes végétales issues de fermentations dans des cas d'anorexie, de gastro-entérite chronique, de dyspepsie, etc. (Reed, 1977; Shurtleff, 1983). De plus, les enzymes d'origine végétale agissent souvent à des taux de pH et des stades de la digestion auxquels les enzymes du corps ont cessé d'agir (voir encadré page suivante). On comprend alors l'utilité, voire la nécessité, d'aller chercher des enzymes dans les aliments pour faciliter une digestion la plus complète et la plus efficace possible, des enzymes qui agissent à plusieurs concentrations de pH et qui sont sûres (Cyr, 21 avril 2001). L'apport des enzymes produites par la fermentation augmente la digestibilité des aliments et diminue les problèmes reliés à la digestion (Hesseltine, 1965).

L'expérience de Tanaka

L'expérience de Tanaka, citée dans Reed (1977), démontre la complémentarité des enzymes provenant des aliments et de celles produites par le corps pendant tout le processus de digestion. Cette expérience est faite sur un jus gastrique humain avec et sans ajout d'enzymes provenant d'*Aspergillus oryzae*, le même micro-organisme utilisé pour la fabrication du miso.

Le pH du jus gastrique se situe : entre 1,5 et 2,2 avant le repas; entre 4,0 et 5,0, 30 minutes après le repas; entre 2,0 et 4,5, 60 minutes après le repas; entre 1,5 et 2,0, après complète digestion. On sait que l'activité de chaque enzyme est fonction du pH du milieu. Ainsi, les essais ont démontré que l'activité de l'enzyme pectique prédomine à très bas pH. Cependant, à pH 2,2 et plus, plus de la moitié de l'activité protéolytique est due aux protéases d'*Aspergillus oryzae*. L'activité de la pepsine diminue considérablement au-delà de pH 3,5. C'est alors l'amylase provenant des glandes salivaires qui agit. Autour de pH 4,5, l'amylase salivaire devient presque inactive, tandis que celle provenant d'*A. oryzae* est très active. Les enzymes d'*Aspergillus oryzae* interviennent donc à tous les stades de la digestion.

Source : REED, Gerald. Enzymes in food processing, Academic Press, New York, 1977, 409 p.

La présence de suppléments d'enzymes dans la diète des personnes est une pratique courante dans plusieurs pays, plus particulièrement en France et au Japon. Au Japon, les enzymes digestives disponibles commercialement sont fabriquées à partir des mêmes souches que celles utilisées pour fabriquer le miso (Reed, 1977). Aux États-Unis, en 1970, c'est aussi à partir d'*Aspergillus oryzae* que l'on fabriquait de l'alpha-amylase, de la pectinase, de la protéase, de l'acide déaminase adénylique, de l'amyloglucosidase, de la lactase, de l'invertase, des protéases acides et de la cellulase (Blain, 1975; Moo-Young, 1982; Steinkraus, 1982). La cellulase et la lactase sont aussi produites commercialement comme aide à la digestion (Lambert, 1982). Au Canada, les enzymes digestives, classées par Santé Canada dans la catégorie des médicaments et des drogues, se présentent sous forme de concentrés, en capsules ou en gélules.

Or, toutes ces enzymes sont présentes dans le miso. D'ailleurs, une cinquantaine d'enzymes ont été trouvées dans le koji (Bienvenido, 1985), produit issu de la première fermentation menant à la fabrication du miso. Les principales enzymes libérées par le koji sont des protéases, des amylases et des lipases (Arima, 1967; Sakurai, 1977) et, d'une manière générale, l'*Aspergillus oryzae* montre une haute activité lipolytique (Yeoh, 1986).

Les trois principaux groupes d'enzymes

Les **protéases** sont les enzymes qui scindent les protéines en les ramenant à leurs principaux constituants, les acides aminés, qui peuvent alors être absorbés par la paroi intestinale.

Une mauvaise digestion des protéines peut entraîner des difficultés telles que les allergies alimentaires, l'irritation du côlon, des problèmes de peau comme le psoriasis, certaines toxicités, etc.

Les protéases jouent également un rôle protecteur en éliminant les levures dans l'intestin grêle, ce qui permettrait de prévenir la candidose ainsi que le développement de bactéries néfastes, de protozoaires et d'autres parasites.

Les **amylases** constituent un groupe d'enzymes qui hydrolysent les hydrates de carbone (amidon et autres sucres complexes) en sucres plus simples (dextrines de longueurs variées, maltose, fructose, dextrose, glucose, etc.). Par exemple, la lactase hydrolyse le lactose en glucose et en galactose, alors que la maltase scinde le maltose en deux molécules de glucose. Ce dernier est la plus simple molécule de sucre qui soit, ce qui en fait le sucre le plus facilement assimilable.

Les **lipases** sont des enzymes capables de détruire les graisses en libérant les acides gras. Responsables du processus de digestion des gras, elles jouent un rôle important dans le contrôle du taux de cholestérol.

Le miso, un nutraceutique avec des organismes probiotiques

Un nutraceutique est un aliment ou un ingrédient alimentaire qui, au-delà de sa simple valeur nutritionnelle, est réputé avoir une action favorable à la santé ou des propriétés préventives ou curatives. Le miso peut donc être considéré comme un aliment nutraceutique, puisque son action et ses propriétés correspondent bien aux divers membres de la définition du terme « nutraceutique ».

Les lactobacilles et d'autres micro-organismes contenus dans le miso sont des probiotiques, c'est-à-dire des bactéries qui peuvent avoir des effets bénéfiques sur la santé et le bien-être d'une personne en lui fournissant des substances bioactives, comme des enzymes, ou en provoquant des modifications bénéfiques à la microflore intestinale. Il est clair dans la définition du probiotique que la consommation des cultures de probiotiques affecte de manière bénéfique la composition de cette flore, fournissant ainsi une gamme d'avantages dont (Klaenhammer, 2000) :

- l'interférence, l'exclusion et l'antagonisme contre les pathogènes;

- l'immunostimulation et l'immunomodulation;

- les activités anticancérigènes et antimutagènes;

- l'allègement des symptômes de l'intolérance au lactose;

- la diminution de l'incidence et de la durée de la diarrhée (associée à la prise d'antibiotiques, à *Clostridium difficile,* aux voyages à l'étranger et aux rotavirus);

- la prévention de la vaginite;

- la maintenance de l'intégrité des muqueuses.

Là ne s'arrête pas la liste des effets positifs des probiotiques sur la santé. Un résumé du livre de Chaitow et Trenev (1990) donne d'autres précisions sur ces bactéries bénéfiques.

- Elles fabriquent des vitamines du complexe B telles que la biotine, la niacine (B3), la pyridoxine (B6) et l'acide folique;

- Elles agissent comme gardiens en « ouvrant l'œil » et en contrôlant, effectivement, le développement de micro-organismes indésirables (en altérant l'acidité du milieu qu'ils occupent et/ou en produisant des substances antibiotiques spécifiques tout en privant les bactéries ennemies de leurs nutriments). Les antibiotiques produits par certains probiotiques sont efficaces contre plusieurs bactéries dangereuses, des virus et des champignons. Certains lactobacilles sont même très agressifs contre *Candida albicans*.

- Elles contribuent au contrôle du taux de cholestérol.

- Elles contribuent parfois à soulager des symptômes de l'anxiété.

- Elles peuvent jouer un rôle important dans la protection contre les effets négatifs de la radiation et des polluants toxiques en renforçant le système immunitaire.

- Elles augmentent l'efficacité des fonctions digestives.

- Elles contribuent à élever le niveau d'estrogènes chez la femme, atténuant ainsi les symptômes de la ménopause.

Pour en savoir davantage :
http://www.holisticmed.com/detox/dtx-probio.txt

CHAITOW, Leon et Natasha TRENEV. *Probiotics*
Thorsons Publishing Group, Northamptonshire, England, 1990.

Le miso garde du corps,
agent de guérison et de longévité

« Que ton aliment soit ton médicament », disait il y a plus de deux millénaires le père de la médecine occidentale, Hippocrate.

Le miso présente des intérêts indiscutables pour la santé humaine, et les divers composés qui le constituent font l'objet de nombreuses recherches scientifiques dans plusieurs pays du monde. Dans les paragraphes qui suivent sont traités quelques-uns des éléments qui témoignent des liens établis entre le miso et la santé.

Protection contre la radioactivité et détoxication

Le miso aide le corps à se rétablir des effets de la pollution. Il prévient les maladies causées par la radioactivité et diminue également leurs effets (Akizuki, 1965-72 et Morishita, 1972, cités dans Shurtleff, 1983). On a découvert en 1972 que le miso contient de l'acide dipicolinique, un alcaloïde qui a un effet chélateur sur les métaux lourds, c'est-à-dire qui facilite leur élimination du corps. Il serait donc en mesure de contrer les effets indésirables de la radiothérapie que subissent nombre de personnes atteintes de cancer.

De façon générale, les gens qui vivent dans les pays industrialisés consomment beaucoup trop d'aliments à résidus acides et trop peu d'aliments à résidus alcalins, comme le miso. Or, la baisse du pH dans les cellules du corps rend leurs membranes moins perméables. Ce fait a deux conséquences : d'une part, les éléments nutritifs pénètrent moins bien; d'autre part, les déchets sont plus difficiles à évacuer de la cellule. L'énergie produite par cette dernière s'en trouve diminuée, et le corps fonctionne moins efficacement (Cyr, 1999).

Action antioxydante

Le miso suscite beaucoup d'intérêt grâce à son contenu en isoflavones, car ces dernières ont des propriétés antioxydantes et ressemblent aux œstrogènes.

La fermentation du riz et du soya par l'action d'*Aspergillus oryzae* a comme résultat singulier de libérer de grandes quantités d'isoflavones, qui sont des composés à faible poids moléculaire.

Il est de notoriété scientifique que la production excessive de radicaux libres peut provoquer diverses maladies telles que la maladie de Behcet, la maladie de Crohn, la colite ulcéreuse, des dermatites herpétiformes, des lymphocytes activés par les neutrophiles, etc. Il a été observé que des agents toxiques comme le paraquat (un herbicide), des insecticides, l'oxyde d'azote (largement produit par les automobiles) et la radiation ultraviolette produisent des radicaux libres. Encore une fois, ces agents sont liés à plusieurs maladies : tumeurs malignes, dermites atopiques graves accompagnées de rétinolyses, cataractes, cancer de la peau, stérilité masculine, fibrose des poumons, etc.

Le miso devrait pouvoir faire partie du système d'autodéfense contre les affections oxydatives avec d'autres aliments sources d'antioxydants à faible poids moléculaire, tels que les vitamines C, E et A, les polyphénols, la catéchine et les flavonoïdes (Niwa, Y., 1999).

Prévention des maladies cardiovasculaires

Les phytostérols sont des composés organiques (phyto) lipidiques (stérols) naturellement présents dans les plantes. À ce jour, plus de 40 études ont démontré qu'une alimentation suffisamment riche en phytostérols réduit le taux de cholestérol total ainsi que les lipoprotéines de faible densité (LDL, aussi connues sous le nom de « mauvais cholestérol ») et, par le fait même, les risques de cardiopathies (Landry, 2000). Le soya constitue une source importante de phytostérols, tout comme les huiles végétales, les noix et les graines de sésame et de tournesol.

Les oméga-3 ont fait l'objet de nombreuses recherches. Il est maintenant reconnu que la consommation de ce type d'acide gras aide à réduire les taux de trigly- cérides (Landry, 2000). Les oméga-3 se retrouvent principalement dans les poissons (le thon, le bar, les sardines, le maquereau et le saumon). Le lin, le soya, les légumes verts à feuilles, les noix et le tofu se révèlent également de bonnes sources d'oméga-3. Le miso est fabriqué à partir de grains de soya entiers. Il est donc, lui aussi, une source appréciable d'oméga-3.

Le miso contient également plusieurs vitamines du complexe B. Plusieurs études démontrent que des formules sanguines modérément élevées en homocystéine constitueraient des facteurs importants dans la détérioration du revêtement interne des vaisseaux sanguins et dans l'obstruction progressive des artères. Or, les vitamines du complexe B (B6, B12 et acide folique) agiraient comme régulateurs de l'homocys- téine sérique. Il existe de nombreuses sources de vitamine B : foie, légumes verts feuillus, miso, légumineuses, germe de blé grillé, farine de soya, levures, pains enrichis et céréales.

Les recherches démontrent que les gens qui consomment de grandes quantités d'aliments élevés en composés phytochimiques sont moins sujets aux cardiopathies. Tout comme la vitamine E, les composés phytochimiques préviendraient l'oxydation du cholestérol (LDL) et des triglycérides.

Parmi les différents types de composés phytochimiques, on retrouve les caroténoïdes (tomates et produits de la tomate, légumes de couleur rouge ou orange, melon d'eau, goyave et pamplemousse rose), les flavonoïdes (thé vert ou noir, oignon, brocoli et vin rouge) et les isoflavones (miso, lait et farine de soya, tofu et fèves de soya grillées).

La Food and Drug Administration (FDA) américaine reconnaît que la consommation de soya contribue à réduire les risques de maladies cardiovasculaires. Intégré à un régime alimentaire faible en matières grasses saturées et en cholestérol, le soya peut réduire le taux de cholestérol total, réduire le taux de LDL (mauvais cholestérol) et augmenter le taux de HDL (bon cholestérol). La FDA recommande une consommation de 25 g de protéines de soya par jour à quiconque veut se prévaloir de ces bienfaits (Landry, 2001).

Riche en lécithine et en acide linoléique, le miso joue un rôle important dans le contrôle du taux de cholestérol.

Prévention et traitement des cancers

Les recherches sur les propriétés anticancérigènes du miso sont également très nombreuses, notamment au Japon et aux États-Unis. On sait que la consommation hebdomadaire de miso diminuerait l'incidence des cancers gastriques de 33 % (Shurtleff, 1982; Hirayama, 1981 cité dans Shurtleff, 1983).

Le miso a aussi une forte activité antioxydante (Yamaguchi, 1979 cité dans Ebine, 1989). Comme pour les vitamines C et E, le miso prévient l'oxydation des aliments et, par le fait même, la formation de radicaux libres. Cette propriété est liée à la prévention de certains cancers et de problèmes cardiaques.

Les isoflavones alimentaires telles que la génistéine et la daidzéine peuvent jouer un rôle très important en médecine préventive, notamment dans la prévention du cancer. Ces isoflavones sont des métabolites anticancéreux, c'est-à-dire qu'elles détruisent les cellules cancéreuses ou empêchent leur prolifération (Kaufman et autres, 1997). Le miso est une excellente source de génistéine et de daidzéine. Des expériences scientifiques ont démontré que les isoflavones du miso sont capables de décomposer les radicaux (propriétés antiradicalaires) de la même façon que l'alpha-tocophérol (vitamine E). La génistéine a notamment manifesté une grande capacité à limiter la prolifération des cellules de leucémie aiguë promyélocytaire (Hirota et autres, 2000).

Le miso contient aussi des mélanoïdines, groupe de mélanines végétales qui tendent à supprimer la croissance des cellules cancéreuses (Kamei, H. et autres, 1997). Il pourrait agir comme agent de prévention chimique de la carcinogénèse du côlon (Masaoka et autres,

1998). De plus, il a été clairement démontré que l'absorption quotidienne de soupe au miso réduisait de manière significative les risques de cancer de l'estomac (Hirayama, 1982).

D'autres recherches indiquent que le miso joue un rôle important dans la prévention du cancer du sein. Il aurait des effets antitumoraux potentiels lorsqu'il est combiné avec la tamoxifène (Gotoh et autres, 1998). Plus intéressant encore : une étude publiée par l'Institut National du Cancer du Japon, menée sur près de 22 000 femmes pendant 10 ans, conclut que la consommation de deux portions de miso par jour réduit de 50 % le risque de cancer du sein (Yamamoto et autres, 2003).

À concentration égale en NaCl (sel de table), l'incidence du cancer s'est révélée inférieure chez ceux qui consomment leur sel sous forme de miso (Watanabe et autres, 1999).

Atténuation des symptômes de la ménopause

Des recherches récentes tendent à indiquer que la consommation régulière de soya contribue à réduire les symptômes de la ménopause (bouffées de chaleur, sueurs nocturnes, maux de tête et insomnie), à réduire les risques d'apparition de certains cancers (sein, prostate et côlon), à contrôler le taux de glycémie chez les diabétiques et à réduire les risques d'ostéoporose et de calculs rénaux (Landry, 2001).

Réduction de l'incidence des allergies et des intolérances alimentaires

Selon une étude japonaise, 80 % des personnes allergiques au soya n'ont aucune réaction allergique lorsqu'elles consomment du miso, produit alimentaire hypoallergénique. Certaines des enzymes qu'il contient permettent à ceux qui le consomment de surmonter leurs allergies (Ogawa, Samoto et Takahashi, 2000). Par exemple, la lactase développée par *Aspergillus orizae*, souche utilisée pour la fabrication du miso, est à même de rendre le lait digestible à ceux qui, habituellement, font une intolérance au lactose.

Aussi, le miso contribue à entretenir la flore intestinale, en favorisant sa multiplication et en régularisant le fonctionnement de l'estomac et des intestins. Cet aliment est donc tout indiqué pour les personnes souffrant de troubles digestifs ou d'intolérances alimentaires.

Aliments alcalifiants

Tous les légumes, tous les fruits (à l'exception de la canneberge), les germinations, les algues, la spiruline, la poitrine de poulet maigre, les œufs de ferme, le tofu, les graines de lin, de courge, de tournesol et de citrouille, le millet (la seule céréale alcalifiante), le vinaigre de cidre, le thé vert, les épices, le lait biologique (non pasteurisé), le miso, le tamari et les herbes aromatiques.

Aliments acidifiants

Toutes les huiles, toutes les céréales : blé, riz, maïs, orge, sarrasin, etc. (à l'exception du millet), la canneberge, les fromages (de chèvre, de brebis, de vache), le lait, le beurre, les protéines animales (viandes, poissons, fruits de mer, gibier), les pâtes, les légumineuses, la pomme de terre, la levure de bière, le lait de soya, les noix, les sucreries et les édulcorants, les médicaments, les produits chimiques et les boissons alcoolisées.

Tiré de : CYR, Josiane. « Eau pétillante sucrée : pas si naturelle », Les Conseils de Josiane, La Bonne Table, cahier I, journal Le Soleil, 27 janvier 2001, p. 8.

Atténuation des problèmes gastriques et de leurs symptômes

Les aliments que l'on mange influent de plusieurs façons sur l'équilibre du corps. Une de ces conséquences est la production d'un effet acidifiant ou alcalifiant dans l'organisme. Or, il est fréquent que nous, Occidentaux, consommions trop d'aliments acidifiants. Cela rend plus difficile l'élimination des déchets de nos cellules et freine l'entrée des éléments nutritifs (Cyr, 27 janvier 2001).

L'activité tampon élevée du miso permet de maintenir le niveau de pH[2] de l'estomac lorsqu'on le mélange à d'autres aliments (Ebine, 1989), ce qui réduirait l'incidence des problèmes gastro-intestinaux (ulcères, brûlures, irritation du colon, etc.) liés à une trop grande acidité.

---

[2] Le pH (potentiel hydrogène) est l'unité de mesure de l'acidité et de l'alcalinité d'un milieu. Le pH peut varier entre 0 et 14. Un pH à 7,0 est neutre. Plus le pH est bas (ex. : 1,0), plus le milieu est acide. Plus le pH s'élève, plus le milieu est alcalin. Le pH normal du corps humain se situe autour de 7,0 (sauf pour l'estomac, plus acide, où il varie entre 1,0 et 4,5).

Prévention de l'hypertension

La consommation d'au moins deux bols de soupe au miso par jour constitue une protection contre l'hypertension (Kanda A. et autres, 1999), et ce, malgré le fait que le miso soit un aliment salé.

Agent de longévité

L'île d'Okinawa, au Japon, compte la plus forte concentration de centenaires au monde. Les spécialistes qui étudient cette région ont observé que les centenaires de l'île ont une alimentation fortement végétarienne, faible en sel, élevée en hydrates de carbone et modérée en protéines. Un menu quotidien type est constitué de soupe au miso, d'algues séchées et de riz pour le petit-déjeuner, et d'un mélange de protéines de tofu ou de soya, de produits du riz et de légumes pour les autres repas (Walker, 2001).

Défense contre les organismes pathogènes et meilleure convalescence

Des études ont suggéré que les bactéries probiotiques, telles que les lactobacilles, peuvent contrôler la croissance excessive de micro-organismes potentiellement pathogènes d'origine bactérienne, virale et fongique, et de divers microbes pathogènes tels que des salmonelles, *Shigella*, *Campylobacter* et quelques souches de *E. coli*. Tout porte à croire que des bactéries probiotiques peuvent être utilisées en tant qu'armes efficaces pour prévenir et traiter les infections microbiennes (Roy, 2000). Quand on pense à la contamination de l'eau potable à Walkerton et à la « maladie du hamburger », il est rassurant de savoir qu'on peut se prémunir et se protéger en consommant des aliments vivants.

Considérant, à la fois, son contenu en organismes probiotiques et ses qualités nutritionnelles exceptionnelles, le miso devrait être clairement perçu comme l'aliment de convalescence par excellence. Les nutritionnistes des hôpitaux devraient certainement tendre à en généraliser l'usage. Les patients hospitalisés se verraient ainsi offrir un aliment qui les aiderait à se rétablir plus rapidement tout en les protégeant mieux contre les agents pathogènes et les infections dans cette période où ils sont faibles et plus vulnérables.

Un organisme génétiquement modifié (OGM) est un individu, soit une plante ou un animal, dans lequel l'homme a transféré un ou plusieurs gènes étrangers (provenant d'une autre espèce, d'une bactérie ou d'un virus) pour lui attribuer une caractéristique dont la nature ne l'avait pas doté. Il s'agit donc d'un produit fabriqué en laboratoire, qui n'existe pas dans la nature.

Doit-on accorder une confiance aveugle à la science? Les gènes ou les fragments d'ADN synthétiques transférés selon des méthodes mises au point au cours des 20 dernières années sont bien connus des généticiens qui les manipulent, puisqu'il s'agit, très souvent, de constructions génétiques de synthèse, faites de morceaux d'ADN provenant de plusieurs organismes (virus, bactérie, plante ou animal). Mais ce n'est pas le cas du patrimoine génétique de la plante ou de l'animal, que l'on connaît à peine, dans lequel ils viennent s'insérer. Aussi, c'est au hasard que les transgènes s'intercalent dans les chromosomes des cellules qui vont ensuite régénérer un organisme choisi, fondateur d'une nouvelle sous-espèce (Séralini, 2000), dont personne ne sait si les propriétés chimiques seront toujours en accord avec la nature.

Selon Bernard Herzog[3], microbiologiste et médecin français pratiquant la nutrithérapie, les gènes étrangers introduits dans les plantes ne sont pas conformes au métabolisme de nos cellules qui, par conséquent, ne les reconnaîtront pas. Ils auront pour effet de surcharger notre système immunitaire avec un ensemble de molécules non vivantes. Cela pourrait provoquer au regard du génome et des organes humains une série de mutations qui les rendrait facilement attaquables par des bactéries et des virus nouveaux (Herzog, 2000 cité dans Pilon, 2001). Dans sa pratique quotidienne, le docteur Herzog constate que certaines bactéries et certains virus ont déjà tellement subi de mutations que les traitements aux antibiotiques en sont devenus inefficaces. En Europe, il y a une multiplication des allergies et des maladies du système immunitaire chez les jeunes depuis l'introduction des aliments transgéniques.

Plusieurs maladies graves que les traitements conventionnels de la médecine ne peuvent guérir pourraient être traitées avec succès par un changement de l'alimentation, dans la mesure où, selon Herzog, elles sont reliées aux aliments contenant des OGM : hypoplaquettose, infections pulmonaires dues à la baisse des défenses immunitaires, déminéralisation osseuse, lymphomes, endométriose et, même, cancer de l'utérus.

---

[3] HERZOG, Bernard. Le transgénique : les premiers signes d'une catastrophe, Les Éditions du CRAM, Collection Santé et Alimentation, Montréal, 2000, 300 p. Ce livre est largement cité dans le numéro spécial OGM de la revue Bio-Bulle, le magazine du bio québécois, no 31, juin 2001, p. 22-23.

De nombreux états morbides pourraient ainsi être soignés en éliminant de l'alimentation les produits industriels qui comportent des OGM et en consommant des aliments naturels riches en vitamines, des fruits, des légumes, des céréales entières et des légumineuses. Yves Gagnon (2001) affirme que les aliments biologiques représenteraient, actuellement, l'unique voie de contournement des OGM.

Selon Agriculture Canada[4], environ 70 % des aliments transformés sont susceptibles de contenir des OGM. Ainsi, il devient particulièrement difficile d'éviter toute ingestion d'OGM, à moins d'un étiquetage sans compromis de tous les produits alimentaires qui en contiennent. Dans ces conditions, un aliment comme le miso biologique non pasteurisé devient un allié dans la résistance aux effets néfastes redoutés des OGM, en combattant les allergies, en améliorant les défenses immunitaires et en aidant le système digestif à se débarrasser des intrus.

Pour en savoir plus :

http://agora.qc.ca/mot.nsf/Dossiers/OGM
http://radio-canada.ca/nouvelles/dossiers/OGM/OGM.html
http://www.cab.qc.ca/dossiers.htm
http://bam.tao.ca/fr/quoifaire/fr_liste_rv.htm
http://www.greenpeace.ca

[4] *Dans* Liste des produits dont les fabricants assurent l'absence d'OGM... ou susceptibles d'en contenir, *sur le site Internet de Biotech Action Montréal : http://bam.tao.ca/fr/quoifaire/fr_liste_rv.htm*

Pourquoi manger bio?

La santé du sol est la base de l'agriculture biologique. Celles et ceux qui mettent en pratique ce mode d'agriculture choisissent des plantes et des animaux adaptés à leur milieu. Pour créer un équilibre écologique à l'échelle de la ferme, on doit combiner de bonnes rotations de cultures avec des engrais et des amendements naturels souvent compostés et appliqués au moment où le sol est prêt à les assimiler. On nourrit d'abord le sol, qui nourrit à son tour les plantes, qui alimenteront éventuellement les animaux, lesquels deviendront de la nourriture pour les humains (MAPAQ, 2000).

En stimulant ainsi la diversité et l'abondance de la vie dans le sol, les agricultrices et agriculteurs biologiques maintiennent l'humus et une bonne structure du sol, prévenant ainsi sa dégradation et son érosion. Les méthodes biologiques de production contribuent donc grandement à diminuer la pollution de l'environnement que peuvent entraîner les activités agricoles (MAPAQ, 2000).

Tout en protégeant le sol, l'agriculture biologique produit des aliments qui, de l'avis général, ont meilleur goût et sont plus sains que les aliments de l'agriculture productiviste (Dufresne, 2001). Il est de notoriété publique que les effets de l'agriculture moderne sur l'environnement « se manifestent tout particulièrement par la pollution de l'eau, la dégradation des sols et la présence de résidus des pesticides dans l'écosystème » (Boutin, 2001).

Alors pourquoi se nourrir des produits de l'agriculture biologique? Parce que, contrairement au point de vue des tenants de l'agro-industrie, le sol n'est pas seulement et tout bêtement un support pour la croissance des plantes, mais un organisme vivant qui donne la vie, pour peu qu'on le lui permette. En recourant à des engrais chimiques et à des pesticides, on tue le sol en détruisant sa microfaune, sa microflore et ses enzymes tout en changeant sa composition chimique naturelle. Il s'ensuit une altération de sa structure et de sa texture : le sol perd toute sa cohérence, se dégrade et devient extrêmement sensible à l'érosion, au ruissellement et au lessivage de ses éléments nutritifs. Bien sûr, les légumineuses, les céréales, les légumes et les fruits poussent malgré cela, mais ils naissent d'un sol qui a perdu toute vitalité. Ainsi, ils reflètent les pesticides dont on les a arrosés et les engrais qu'on a ajoutés au sol; ils ne contiennent alors que ce que la terre a pu leur offrir.

Cette perte de vitalité se communique à tous les maillons de la chaîne alimentaire : les plantes perdent leur vitalité et ainsi de suite... jusqu'aux pauvres bipèdes souvent naïfs, ignorants et consentants que nous sommes. Certes, nous digérons ces aliments, mais ceux-ci sont sans vie, car leurs enzymes naturelles et leurs micro-organismes utiles n'ont généralement pas survécu à tous les traitements qu'on leur a fait subir.

Selon les chercheurs œuvrant à *The Land Institute*, « ... il n'y a rien de plus sacré que le contrat qui lie les humains à la terre qui les nourrit. » (Mathieu, 2001), et ils ont certainement raison.

Les entrées

entrées

Melitzanosalata au miso
(purée d'aubergines)

Voici une façon agréable et simple d'apprêter l'aubergine, ce beau légume si bienfaisant avec lequel on se demande souvent que faire, outre la moussaka et la ratatouille. Cette purée, que nos cousins français appellent pompeusement « caviar d'aubergine », est un plat d'origine grecque qui connaît plusieurs variantes dans tout le bassin méditerranéen. Connue en Asie depuis plus de 2500 ans, l'aubergine est le fruit d'une plante originaire de l'Inde. Elle contribue à abaisser le taux de cholestérol (Chevalier, 1997). On lui attribue des propriétés diurétiques et laxatives.

La purée d'aubergines se sert bien fraîche, garnie d'olives (facultatif) avec du pain, grillé ou non, des biscottes ou des craquelins. On peut aussi la servir comme trempette avec des crudités.

Pour 6 à 8 personnes
Préparation : 15 minutes, après cuisson de l'aubergine
Cuisson : 1 heure

Ingrédients :
1 aubergine moyenne ou grosse
2 c. à soupe de jus de citron (1/2 citron)
3 gousses d'ail
1 c. à soupe de persil haché
1 c. à soupe de miso
3 c. à soupe d'huile d'olive

Préparation :
Piquer l'aubergine de deux ou trois coups de fourchette afin qu'elle n'explose pas en cuisant. La cuire au four, telle quelle, à 375 °F (190 °C) pendant 1 heure ou jusqu'à ce que la peau plisse et commence à brunir.

Couper en deux l'aubergine cuite, dans le sens de la longueur, et l'évider au moyen d'une cuillère en prenant soin de ne pas déchirer la peau. Mettre la chair dans le mélangeur, ajouter tous les autres ingrédients et réduire en purée. Réfrigérer.

guacamole

Guacamole

Le guacamole est une purée d'avocats relevée de piments, d'oignons, d'ail et de jus de citron. Il s'agit là d'un mets incontournable de la cuisine ensoleillée du Mexique. L'avocat est une excellente source d'acide folique. Riche en enzymes, il facilite la digestion des matières grasses.

Le guacamole peut être servi en entrée ou en hors-d'œuvre comme trempette avec des crudités, sur du pain grillé, des biscottes ou encore dans un pain pita avec de la tomate en dés, des germes de luzerne et des feuilles de laitue.

Pour 4 à 6 personnes
Préparation : 15 minutes

Ingrédients :
1 avocat bien mûr
1 c. à soupe de miso dilué dans 1 c. à soupe de jus de citron
1 c. à soupe de yogourt nature
1 c. à soupe d'oignon haché finement
2 gousses d'ail écrasées
1 pincée de piment fort sec ou 2 à 4 gouttes de sauce Tabasco®
2 c. à soupe de mayonnaise

Préparation :
Couper l'avocat en deux. Retirer le noyau et, dans un bol à mélanger, l'évider à l'aide d'une cuillère. Ajouter le miso dilué dans le jus de citron, puis réduire en purée. Ajouter tous les autres ingrédients, sauf la mayonnaise, puis mélanger. Au besoin, ajuster les quantités de jus de citron et d'ail, au goût et selon la grosseur de l'avocat.

Verser le mélange dans un bol de service et étendre la mayonnaise en une mince couche à la surface du mélange afin d'éviter que l'avocat s'oxyde au contact de l'air. Au moment de servir, incorporer la mayonnaise au mélange.

sushi au miso

Sushi au miso

Toujours de présentation attrayante, les sushis sont en fait très faciles à préparer, et il en existe une grande variété. En voici une version végétarienne simple, dans laquelle on peut donner libre cours à son imagination en ajoutant, par exemple, des petites crevettes de Matane, des lanières de saumon fumé, des carottes en allumettes, des shiitakes, des légumes lactofermentés, etc.

Le sushi s'accompagne de gingembre mariné, de Tamari ou de shoyu coupé avec un peu d'eau. Il peut être servi en hors-d'œuvre, en entrée ou comme accompagnement avec, par exemple, les darnes de saumon à la japonaise. Et puis, c'est tellement savoureux qu'ils peuvent à eux seuls constituer un repas!

Pour 4 personnes
Donne 4 rouleaux de sushi
Préparation : 30 minutes

Ingrédients :

1 tasse de riz rond ou à grain court (variété calrose ou arborio, ou riz à sushi)
2 œufs
3 c. à soupe de vinaigre de riz
3 c. à soupe de miso
1 avocat mûr coupé en lanières
1 échalote coupée en lanières
4 feuilles de nori (feuilles d'algues pour sushi)

Préparation :

Faire bouillir 1 3/4 tasse d'eau, ajouter le riz et cuire jusqu'à ce que le riz ait absorbé toute l'eau. Pendant ce temps, battre les œufs légèrement, les cuire dans une poêle avec un peu de beurre, les laisser refroidir, puis les couper en lanières. Mélanger le vinaigre de riz et le miso, puis incorporer ce mélange au riz cuit.

Déposer une feuille de nori sur un petit tapis à sushi ou, à défaut, sur un linge humide. À l'aide d'une cuillère, y étaler uniformément une mince couche de riz en laissant une bordure de 3 cm sans riz, dans le haut de la feuille. Humecter cette bordure avec de l'eau. Au bas de la feuille, parallèlement à la bordure, déposer quelques lanières d'œufs, d'avocat et d'échalote. À l'aide du petit tapis, rouler la feuille de nori avec son contenu en exerçant une pression uniforme. Réfrigérer les rouleaux.

Au moment de servir, humecter le couteau avec de l'eau vinaigrée pour éviter que le sushi colle à la lame, puis couper chaque rouleau en huit petits rondins.

Pâté végétarien

Donne 16 à 24 petits pâtés rectangulaires
Préparation : 45 minutes
Cuisson : 55 minutes

Ingrédients :

450 g (1 lb) de tofu ferme émietté à la main

2 tasses de graines de tournesol légèrement rôties et grossièrement moulues

1 tasse de farine de blé entier

1/2 tasse de levure torula ou engevita

3/4 de tasse de germes de blé

2 c. à soupe de piment de la Jamaïque (allspice) ou d'épices à croquettes (page 51)

2 oignons hachés finement

2 pommes de terre moyennes râpées

1 carotte râpée

1 branche de céleri hachée finement

3 gousses d'ail pressées

1/2 tasse d'huile d'olive

1 tasse de vin blanc

1 1/4 tasse d'eau

2 c. à soupe de jus de citron

6 c. à soupe de miso dilué dans 1/2 tasse d'eau tiède

Préparation :

Mélanger tous les ingrédients dans l'ordre. Enduire d'huile ou de beurre le fond de deux plats de cuisson rectangulaires de 8 po sur 10 po (20 cm sur 25 cm). Y verser et y étendre le mélange. Cuire au four pendant 55 minutes à 350 °F (180 °C). Laisser refroidir à la température ambiante, puis réfrigérer avant de découper le contenu de chaque moule en huit ou douze rectangles. Emballer chaque morceau d'une pellicule de plastique et conserver au congélateur.

Le pâté végétarien proposé ici est une véritable trouvaille. Alors que le tofu lui confère sa texture moelleuse, le miso, le tournesol rôti et la levure lui donnent le fumet que l'on attend d'un vrai pâté.

Le pâté végétarien se sert froid, sur des biscottes, sur du pain frais ou rôti, ou en sandwich.

Rouleaux de printemps

rouleaux de printemps

Les rouleaux de printemps, beaucoup plus digestes que les rouleaux impériaux et autres eggrolls parce que non frits, sont présents dans la cuisine de la plupart des pays du Sud-Est asiatique. En voici une version simple, à laquelle on peut ajouter, par exemple, 1/2 tasse de petites crevettes cuites ou de poulet cuit coupé en dés.

Préparation : 45 minutes

Ingrédients :
12 feuilles de riz
12 feuilles de laitue

Pour la garniture :
100 g (4 Oz) de vermicelle de riz
1 œuf
3 gousses d'ail hachées
1 c. à soupe d'huile de sésame ou d'olive
200 g (7 oz) de fèves germées fraîches et crues hachées
2 c. à thé de nuoc man ou de nampla (sauce de poisson fermenté)
1 c. thé de miel
1 c. à thé de fécule de maïs bio ou 1/2 c. à thé de fécule de marante (arrow-root) diluée dans 1 c. à soupe d'eau
2 échalotes hachées
2 c. à soupe de miso dilué dans 1 c. soupe d'eau
2 ou 3 feuilles de menthe fraîche par rouleau

Préparation :

Faire tremper le vermicelle dans de l'eau bouillante pendant 5 minutes, égoutter, laisser refroidir et hacher grossièrement. Battre l'œuf légèrement, le cuire dans un peu d'huile et le couper en dés. Faire revenir l'ail dans l'huile quelques minutes. Ajouter le nuoc man, le miel et la fécule, puis chauffer jusqu'à épaississement. Retirer du feu et ajouter le vermicelle, l'œuf, les échalotes, les fèves germées crues et le miso, puis bien mélanger.

Faire tremper chaque feuille de riz dans un grand bol d'eau tiède environ 1 minute. Retirer la feuille de l'eau, l'étendre sur une planche. Au centre de la feuille, déposer 2 c. à soupe de garniture ainsi que 2 ou 3 feuilles de menthe fraîche et rouler la feuille de riz : d'abord 1 1/2 tour, rabattre les côtés vers l'intérieur jusqu'à la garniture, puis rouler jusqu'au bout. Au moment de servir, déposer chaque rouleau sur une feuille de laitue afin que les convives l'y enroulent avant d'en tremper un bout dans la sauce aux arachides. Servir à la température de la pièce.

sauce aux arachides

Donne 1 tasse (250 ml) (pour 12 rouleaux de printemps)
Préparation : 10 minutes

Ingrédients :

2 c. à soupe d'oignon haché finement

1/2 tasse de beurre d'arachide

1 c. à soupe de miel

1 c. à soupe de nuoc man ou de nampla (sauce de poisson fermenté)

1 tasse d'eau tiède

1 c. à thé de moutarde de Dijon ou de graines de moutarde moulues

1/4 à 1/2 c. à thé de piment fort séché ou de piment habañeros frais haché

2. c. à soupe de fécule de maïs bio ou 1 c. à soupe de fécule de marante (arrow-root) diluée dans 1/4 de tasse d'eau

2 c. à soupe de miso dilué dans 1 c. soupe d'eau chaude

Préparation :

Dans une petite casserole, mélanger tous les ingrédients sauf la fécule et le miso. Cuire à feu lent jusqu'à ébullition. Ajouter la fécule. Mélanger jusqu'à épaississement; le mélange peut devenir relativement ferme. Retirer du feu, ajouter le miso et mélanger.

trucs et astuces

Pour ceux qui souffrent d'allergies ou d'intolérances alimentaires, consommer un peu de miso avec l'aliment qui cause l'allergie. Dans le cas, par exemple, d'une allergie à l'amidon, mettre un peu de miso dans ses aliments si l'on tient à manger une demi-tranche de pain.

Dans les cas d'intolérance, laisser reposer l'aliment en présence du miso; cela permet à ses enzymes d'hydrolyser les protéines et les sucres responsables de ladite intolérance.

Les bouillons et les soupes

bouillons
et soupes

bouillon de miso
simple et délicieux

Bouillon de miso
simple et délicieux

Donne 1 tasse (250 ml)
Préparation : 5 minutes

Ingrédients :
1 c. à thé de miso
1 tasse d'eau chaude
1 pincée d'échalote hachée
1 pincée de persil haché

Préparation :
Diluer le miso dans un peu d'eau chaude, puis remplir la tasse d'eau.
Ajouter l'échalote et le persil hachés finement.

Ce bouillon vivifiant et énergisant remplace avantageusement le café ou le thé. C'est un peu la façon dont les Japonais le consomment, au petit-déjeuner, sauf qu'ils y ajoutent volontiers des algues, du tofu et des champignons.

Consommé de miso

consommé de miso

Ce consommé version « miso » peut être bu tel quel, utilisé comme base pour la préparation des soupes ou ajouté à toute recette nécessitant un bouillon. Si on lui ajoute un peu de vin rouge, il devient un excellent bouillon pour la fondue chinoise.

Donne 2 1/2 tasses (625 ml)
Préparation : 10 minutes
Cuisson : 45 minutes

Ingrédients :

1 c. à soupe d'huile

1 oignon coupé en quatre

1 carotte coupée en quatre

1 branche de céleri hachée grossièrement

2 à 5 gousses d'ail coupées en deux

2 clous de girofle entiers

3 feuilles de laurier

1/2 c. à thé de thym

4 tasses d'eau

2 c. à soupe de miso dilué dans 1/4 de tasse d'eau chaude

1 branche de persil hachée finement

Préparation :

Chauffer l'huile et y faire revenir tous les ingrédients sauf le miso, l'eau et le persil. Cuire à feu doux pendant 5 minutes. Ajouter l'eau, couvrir et laisser mijoter 30 minutes. Retirer du feu et filtrer. Ajouter le miso préalablement dilué, puis mélanger. Ajouter le persil haché et servir chaud.

Velouté aux poireaux

Le velouté de poireaux peut être considéré comme l'un des classiques de la cuisine française. Il fait partie des recettes de l'Académie culinaire de France.

Pour 6 personnes
Préparation : 30 minutes
Cuisson : 30 minutes

Ingrédients :
2 c. à soupe de beurre
4 poireaux moyens émincés
1 oignon moyen émincé
2 gousses d'ail émincées
4 pommes de terre de grosseur moyenne, pelées et coupées en dés
2 branches de céleri coupées en lamelles
1/2 c. à thé de cerfeuil
1/2 c. à thé de marjolaine
2 tasses d'eau

1 tasse de lait
3 c. à soupe de miso dilué dans 1/4 de tasse d'eau chaude
2 c. à soupe de ciboulette ou d'échalote hachée finement
Quelques croûtons à l'ail

Préparation :
Dans une casserole, faire fondre le beurre à feu moyen, puis faire revenir les poireaux, les oignons et l'ail pendant 5 minutes en remuant constamment. Ajouter les pommes de terre, le céleri, le cerfeuil, la marjolaine et la moitié de l'eau. Couvrir et laisser mijoter pendant 25 minutes ou jusqu'à ce que les légumes soient tendres. Laisser refroidir pendant 15 minutes.

Passer au mélangeur et réduire en purée. Avant de servir, reverser dans la casserole, puis ajouter le lait et le reste de l'eau. Amener à ébullition en fouettant régulièrement. Retirer du feu immédiatement et ajouter le miso.

À la surface de chaque bol, ajouter quelques croûtons, de la ciboulette et servir chaud. Pour obtenir une soupe aux carottes, on remplace les poireaux par 2 tasses de carottes râpées.

Soupe repas à l'orientale

Un repas santé simple mais consistant, des saveurs subtiles, et rien qui fait grossir. Un mets idéal pour les midis d'automne, d'hiver et de printemps.

Pour 4 à 6 personnes
Donne 10 tasses (2,5 litre)
Préparation : 20 minutes

Ingrédients :
8 tasses (2 litres) de bouillon de poulet
1/2 tasse de crevettes cuites ou 1 c. à soupe de crevettes séchées
1/2 tasse de morceaux de poulet cuit
Quelques champignons d'Asie (shiitake ou oreilles-de-Judas)
ou algues (aramé, wakamé, kombu ou hijiki) hachés
2 c. à soupe d'oignon séché
1/2 tasse de fèves germées
1 branche de céleri hachée
1 tasse de chou coupé en fines lamelles
1/2 tasse d'épinards hachés
1 c. à soupe de nuoc man (sauce de poisson fermenté)
1/2 c. à thé de piment fort séché
100 g (4 oz) de vermicelle de riz
3 c. à soupe de miso dilué dans 2 c. à soupe d'eau chaude
2 échalotes émincées
1 c. à soupe de persil haché ou ciselé

Préparation :
Dans une casserole, mélanger tous les ingrédients sauf les quatre derniers. Porter à ébullition, laisser mijoter pendant 15 minutes, puis retirer du feu. Ajouter le miso. Entre-temps, faire tremper le vermicelle de riz dans de l'eau bouillante pendant 5 minutes, puis égoutter.

Dans chaque bol individuel, mettre une portion de vermicelle de riz, y verser la soupe, ajouter une pincée d'échalote et une autre de persil, puis servir.

goulasch façon végétarienne

Goulasch façon végétarienne

Le goulasch est une plat national hongrois, traditionnellement préparé avec des morceaux de bœuf, qui doit son goût prononcé au paprika, principal condiment de la cuisine de Hongrie. En voici une adaptation sans viande qui peut être servie comme soupe, mais aussi comme repas, selon ce qu'on y ajoute pour lui donner de la consistance : tofu, gluten de blé (seitan), tempeh, etc.

Le goulasch peut également être servi avec du riz, du bulghur ou des pommes de terre.

Pour 6 personnes
Préparation : 10 minutes
Cuisson : 40 minutes

Ingrédients :
2 c. à soupe d'huile d'olive
4 oignons coupés en lanières
450 g (1 lb) de tofu extra ferme coupé en dés de 1 cm^3
1 c. à soupe de beurre
1 c. à soupe d'huile d'olive
1 c. à soupe de farine
1 c. à thé de paprika
2 à 3 tomates coupées en dés
1 poivron rouge coupé en lanières
1 litre d'eau
3 c. à soupe de miso mélangé avec un peu de jus de cuisson
2 c. à soupe de yogourt nature par bol de soupe

Préparation :
Chauffer l'huile dans une casserole et saisir l'oignon pendant 10 minutes. Entre-temps, dans une poêle, saisir le tofu dans l'huile et le beurre chauds, jusqu'à ce qu'il soit bien doré de tous les côtés (environ 10 minutes), puis retirer du feu.

Dans la casserole d'oignons, ajouter la farine, bien mélanger et cuire une minute. Ajouter le paprika, les tomates, le poivron et l'eau. Laisser mijoter à découvert 25 minutes. Ajouter le tofu. Chauffer 2 minutes de plus, ajouter le miso et servir chaud dans des bols à soupe ou des assiettes profondes. Ajouter doucement 2 c. à soupe de yogourt nature dans chaque assiette et mélanger légèrement en dessinant une arabesque ou une vague à la surface.

Soupe à l'oignon gratinée

soupe à l'oignon gratinée

Voici un autre fleuron de la cuisine française auquel le miso a été intégré.

Pour 6 personnes
Préparation : 15 minutes
Cuisson : 40 minutes

Ingrédients :

1 tasse de croûtons aux herbes de Provence ou aux fines herbes
ou une tranche de pain sec
2 c. à soupe de beurre
3 oignons moyens émincés
1/4 de tasse de vin blanc
2 c. à soupe de farine
6 tasses d'eau
1 feuille de laurier
5 c. à soupe de miso dilué dans 1/4 de tasse d'eau chaude
Fromage gruyère râpé

Préparation :

Pour préparer les croûtons, découper six tranches de pain en dés, puis sécher ces derniers. Les saisir dans 3 c. à soupe de beurre et 1 c. à soupe de fines herbes, jusqu'à ce qu'ils soient bien dorés.

Dans une casserole, fondre le beurre et y faire revenir les oignons. Réduire le feu et cuire durant 10 minutes à feu doux en remuant régulièrement, afin de glacer les oignons. Augmenter l'intensité du feu, ajouter le vin, puis le réduire aux deux tiers de son volume. Saupoudrer la farine et mélanger. Incorporer l'eau graduellement et ajouter la feuille de laurier. Porter à ébullition, puis réduire le feu. Couvrir et laisser mijoter pendant 20 minutes. Retirer du feu et ajouter le miso.

Pour chaque portion, dans des bols allant au four, ajouter quelques croûtons ou une tranche de pain sec, saupoudrer de gruyère râpé et gratiner pendant quelques minutes.

trucs et astuces

Ajouter un peu de miso
à tous ses aliments
permet de se protéger
contre les organismes
pathogènes tels que
les bacteries *E. coli*,
les salmonelles,
Shygella, le staphylo-
coque doré, etc.
Et comme un bon miso
se conserve pendant
quelques mois à
température ambiante,
il peut être très
utile en voyage.

salades

Les salades

Salade aux haricots à la grecque

Cette salade, adaptée d'une recette transmise par notre ami, François Lavoie, est particulièrement délicieuse lorsqu'elle est préparée avec de la véritable féta dont le goût se marie si bien avec celui de l'olive noire. La féta est un fromage de brebis, à pâte molle ou demi-dure, mariné et conservé dans une saumure.

Pour 4 à 6 personnes
Donne 4 tasses
Préparation : 15 minutes

Ingrédients :
1 1/2 tasse (boîte de 540 ml) de haricots blancs précuits, rincés et égouttés
1 tasse de fromage féta taillé en dés
1 oignon haché finement
1/2 tasse d'olives noires hachées
1/2 tasse de vinaigrette du moutardier

Préparation :
Rincer les haricots à l'eau froide. Retirer la féta de sa saumure et la rincer à l'eau froide si elle est trop salée. Mélanger tous les ingrédients dans un saladier. Arroser de la vinaigrette du moutardier.

Vinaigrette du moutardier

Donne 1/2 tasse (125 ml)
Préparation : 10 minutes

Ingrédients :
2 c. à soupe de miso
3 c. à soupe de vin blanc
2 c. à thé de moutarde de Dijon
3 c. à soupe d'huile d'olive
2 gousses d'ail écrasées

Préparation :
Mélanger le miso, le vin, la moutarde et l'ail. Ajouter l'huile en un mince filet tout en mélangeant.

Salade de fusilli au thon

salade de fusilli au thon

Pour 4 à 6 personnes
Préparation : 20 minutes

Ingrédients :
3 tasses de fusilli cuits (de petites coquilles ou de penne)
1 boîte (184 g) de thon
1/2 tasse de fromage râpé (gruyère, emmenthal ou cheddar fort, de préférence)
2 œufs durs coupés en morceaux
4 tomates coupées en huit
1 c. à soupe de persil haché
1/3 de tasse de vinaigrette à la mayonnaise

Préparation :
Mélanger tous les ingrédients et y incorporer la vinaigrette à la mayonnaise.

La salade de fusilli est toute simple à préparer et se veut une variante particulièrement savoureuse à la traditionnelle salade au macaroni. Le fusilli est une sorte de petit tortellini ou de petit rotini, une pâte courte et torsadée. Cette salade peut être servie comme plat principal, en entrée ou en accompagnement et elle figure bien dans la composition d'un buffet.

Vinaigrette à la mayonnaise

Donne 1/3 de tasse (85 ml)
Préparation : 5 minutes

Ingrédients :
3 c. à soupe de vinaigre de riz
3 c. à soupe de miso
3 c. à soupe de mayonnaise

Préparation :
Mélanger d'abord le vinaigre et le miso. Ajouter la mayonnaise.

Salade chinoise

salade chinoise

Cette salade d'inspiration orientale est, en quelque sorte, la version santé, crue et augmentée du chop soui. Elle peut être servie comme plat principal, en entrée ou comme élément d'un buffet.

Pour 6 personnes
Donne 6 tasses
Préparation : 20 minutes

Ingrédients :
2 branches de céleri coupées en dés
1/2 tasse de noix de Grenoble hachées grossièrement
3 échalotes émincées
1/2 poivron vert et 1/2 poivron rouge coupés en dés
1 tasse (4 oz ou 1/2 paquet) de champignons coupés en dés
1 paquet (200 g) de fèves germées
1/2 tasse de riz entier cuit
Vinaigrette au yogourt et au miel

Préparation :
Mélanger tous les ingrédients dans un bol à salade. Ajouter la vinaigrette juste avant de servir. Pour chaque tasse de salade, ajouter 2 c. à soupe de vinaigrette au yogourt et au miel.

Vinaigrette au yogourt et au miel

Donne 1 tasse (250 ml)
Préparation : 5 minutes

Ingrédients :
2 c. à soupe de miso
2 c. à soupe de vinaigre de cidre
3 c. à soupe de yogourt nature
1 c. à soupe de miel
3 gousses d'ail émincées
3 c. à soupe d'huile d'olive

Préparation :
Mélanger d'abord le miso et le vinaigre. Ajouter le yogourt, le miel, l'ail et, tout en mélangeant, verser l'huile en un mince filet.

plats
principaux

Pasta aux tomates crues

pasta aux tomates crues

Voici la confection toute simple d'un repas où la tomate occupe
toute la place qu'elle mérite dans la cuisine d'été. Cette recette,
transmise par des amis du Tessin (canton suisse italophone), propose
une façon toute rafraîchissante de préparer les pâtes. La saveur de
la roquette se marie merveilleusement bien à celle de la tomate.
Il demeure que, même sans roquette, cette sauce reste délicieuse.
À moins qu'on ait envie d'y ajouter un peu de basilic ou de pesto.
Le secret de la réussite : la fraîcheur des tomates.

Saviez-vous que le mot « tomate » est dérivé de tomatl, son nom
en nahuatl, la langue des Aztèques?

Pour 4 à 6 personnes
Donne 5 tasses (1250 ml)
Préparation : 10 minutes

Ingrédients :
6 tomates bien mûres de grosseur moyenne coupées en dés
1 oignon coupé en dés
2 c. à soupe de miso dilué dans 1 c. à soupe d'eau
3 gousses d'ail pressées
2 c. à soupe de roquettes hachées finement ou 2 c. à soupe de pesto

Préparation :
Mélanger tous les ingrédients et laisser reposer 1/2 heure. Servir à la
température de la pièce sur des pâtes longues au choix (spaghetti, spaghettini,
fettucini, linguini, tagliatelles, etc.), tièdes ou chaudes.

Connues dans presque toutes les cultures, les pâtes sont faciles à cuire et constituent une source d'énergie immédiatement disponible. Puis, une fois qu'on a préparé ou choisi la sauce qui les accompagnera, on peut en faire un repas délicieux en quelques minutes seulement.

La sauce présentée ici est déjà bien garnie, mais l'on peut y ajouter d'autres légumes au goût. On la sert chaude, sur des spaghetti, d'autres pâtes au choix, du riz ou du bulghur. Elle se congèle bien et peut servir à préparer la lasagne.

Spaghetti végétarien

Pour 10 personnes
Donne 8 tasses
Préparation : 40 minutes
Cuisson : 45 minutes

Ingrédients :
4 c. à soupe d'huile
1 ou 2 oignons émincés
3 gousses d'ail hachées
1 tasse de tofu ferme coupé en dés
1 paquet de champignons tranchés
3 carottes râpées
1 poivron vert et 1 poivron rouge coupés en dés
1/2 tasse de haricots verts coupés en dés
3 branches de céleri coupées en dés
1 boîte (28 oz ou 796 ml) de tomates hachées
1 boîte (19 oz ou 540 ml) de jus de tomate
1 petite boîte (5,5 oz ou 156 ml) de pâte de tomate
4 c. à soupe de sauce chili
2 c. à soupe de sauce Worcestershire
1/2 c. à thé de thym
1 c. à thé de basilic
3 c. à soupe de persil haché
2 feuilles de laurier
1 pincée de piment rouge fort
1/2 c. à thé de piment de Cayenne
2 c. à thé de miel
4 c. à soupe de miso dilué dans 1/3 de tasse d'eau

Préparation :
Chauffer l'huile dans une grande casserole. Y cuire l'oignon et l'ail pendant 2 minutes. Ajouter le tofu et cuire à feu moyen pendant 10 minutes ou jusqu'à ce qu'il devienne d'une couleur dorée. Ajouter tous les autres ingrédients sauf le miso, puis mélanger. Laisser mijoter pendant 1/2 heure en brassant régulièrement. Retirer du feu et ajouter le miso. Servir avec les pâtes de son choix.

Ibishyimbo
(haricots rouges) aux tomates
et aux graines de tournesol

Comme pour bien des peuples dans le monde, le haricot constitue la principale source de protéines des agriculteurs de l'Afrique centrale. Il fait partie du quotidien des familles, quel que soit leur statut social. La préparation présentée ici est issue de la tradition culinaire rwandaise à laquelle l'auteure et des amies rwandaises se sont ingéniées à intégrer le miso.

Ce plat, qui ressemble au chili con carne mexicain « sin carne », s'accompagne de bananes plantains, d'épinards à l'africaine, de pâtes, de pommes de terre, de riz, de bulghur ou d'orge.

Donne 4 tasses
Préparation : 30 minutes
Cuisson : 20 minutes

Ingrédients :
2 c. à soupe d'huile
1 oignon émincé
3 gousses d'ail broyées
1/2 tasse de graines de tournesol moulues
4 grosses tomates pelées et broyées
1 c. à soupe de basilic
1 c. à thé d'origan
1 c. à soupe de paprika
1/2 c. à thé de piment fort séché en poudre
1 pincée de piment de Cayenne
1 1/2 tasse (boîte de 540 ml) de haricots rouges cuits, rincés et égouttés
3 c. à soupe de miso dilué dans 2 c. à soupe d'eau chaude

Préparation :
Dans une casserole, chauffer l'huile et y faire revenir l'oignon et l'ail pendant 2 minutes. Y mettre le tournesol moulu et mélanger. Cuire durant 3 minutes et incorporer les tomates, le basilic, l'origan, le paprika, le piment et les haricots. Amener à ébullition, réduire le feu, puis laisser mijoter pendant 10 minutes ou jusqu'à l'obtention de la consistance désirée. Retirer du feu et ajouter le miso. Servir chaud.

Darnes de saumon à la japonaise

darnes de saumon
à la japonaise

Préparé de cette façon, le saumon fond littéralement dans la bouche, ayant été attendri par le miso de la marinade dont il a absorbé les saveurs en un mélange exquis. C'est la fête aux papilles!

Ce plat de saumon peut être servi avec du riz sauvage, des fèves vertes à l'huile de sésame et à l'ail, une salade chinoise ou des sushis.

On peut remplacer le saumon par du tofu ferme ou semi ferme en tranches de 1 cm.

Pour 6 personnes
Préparation : 10 minutes
Cuisson : 10 minutes

Ingrédients :
6 darnes de saumon
4 c. à soupe de vin blanc ou de jus de pomme
2 c. à soupe de miso
1 c. à thé de miel
1 pouce de gingembre frais émincé
2 gousses d'ail émincées
2 c. à soupe d'huile d'olive

Préparation :
Dans un grand bol, mélanger le vin et le miso. Ajouter le miel, le gingembre et l'ail. Tout en mélangeant, incorporer l'huile en un mince filet. Faire mariner les darnes de saumon dans cette sauce, au réfrigérateur, pendant au moins 1 heure.

À feu moyen, chauffer une poêle, y déposer les darnes sur lesquelles on verse le reste de la marinade. Cuire les darnes pendant 5 minutes, les retourner, couvrir la poêle et cuire encore 5 minutes. Servir chaud.

Croquettes de tofu au miso

croquettes de tofu au miso

Donne 36 boulettes de 1 1/2 po (4 cm) de diamètre
ou 12 croquettes à hamburgeois
Préparation : 1 heure
Cuisson : 50 minutes à 350 °F (180 °C)

Ingrédients :
450 g (1 lb) de tofu ferme
1 tasse de riz cuit à texture collante (à grain court, calrose, arborio, etc.)
1/2 tasse d'amandes rôties et moulues
1 c. à soupe d'huile d'olive
1 oignon haché finement
1 c. à soupe de persil haché
4 gousses d'ail hachées
6 c. à soupe de miso
1/2 à 1 tasse de chapelure selon la consistance de la pâte
1 c. à soupe de mélange d'épices pour croquettes

2 œufs battus
1/2 tasse de chapelure
2 c. à soupe d'huile

Préparation :
Rôtir les amandes dans l'huile d'olive. Les moudre dans un mortier ou à l'aide d'un robot culinaire.

Pour préparer soi-même la chapelure : sécher son pain favori en tranches fines dans un four à basse température et moudre; la façon de faire la plus économique est d'utiliser le four encore chaud à la suite d'une cuisson.

Bien drainer le tofu en le pressant fermement. Dans un grand bol à mélange, émietter finement le tofu avec les mains (ou à l'aide d'un robot culinaire) et ajouter le reste des ingrédients sauf les trois derniers, puis mélanger avec une cuillère de bois. Si le mélange est trop mou, ajouter un peu de chapelure.

Avec les mains, confectionner des boulettes rondes ou des croquettes plates, selon le type de mets projeté. Plonger chacune dans l'œuf battu, puis la rouler dans la chapelure. Les déposer délicatement dans une lèchefrite ou un plat de cuisson préalablement huilé et, à l'aide d'un pinceau, les badigeonner d'un peu d'huile. Cuire au four à 350 °F (180 °) pendant 50 minutes. Les retourner aux 15 minutes. Servir chaud ou tiède.

Voici une délicieuse version du « tofu burger ».
Ces croquettes se servent chaudes ou tièdes dans
un pain pita avec de la tomate en dés, de la
laitue hachée, des germes d'oignon et un peu
de sauce aïoli. On peut aussi les servir
dans un pain hambourgeois avec les
accompagnements désirés.

Mélange d'épices pour croquettes

Ce mélange d'épices, destiné à assaisonner les croquettes
de tofu, est délicieux comme assaisonnement du pâté végétarien.

Donne 6 c. à soupe
Préparation : 10 minutes

Ingrédients :
1 c. à thé de gingembre moulu
1 c. à thé de coriandre moulue
1 c. à thé de cannelle moulue
2 c. à thé de clous de girofle moulus
2 c. à thé de thym
2 c. à soupe de marjolaine moulue

Préparation :
Bien mélanger tous les ingrédients. Conserver au congélateur.

Sauce aïoli

Donne 1/2 tasse
Préparation : 5 minutes

Ingrédients :
3 c. à soupe de mayonnaise
6 c. à soupe de yogourt
3 à 4 gousses d'ail pressées
1 c. à thé de miso

Préparation :
Mélanger tous les ingrédients dans un bol.
Servir en accompagnement avec les croquettes de tofu au miso.

Riz cinghalais

La particularité de ce plat de riz originaire du Sri Lanka est l'utilisation d'un fruit qui communique son doux parfum et sa saveur légèrement acidulée à celle, plus épicée, du cari. Ici, l'emploi de la pomme est proposé, mais on peut aussi bien la remplacer par un fruit plus exotique comme le kiwi ou la mangue. Ce plat de riz peut être servi avec du yogourt nature et le dahl indien.

Pour 6 personnes
Préparation : 15 minutes
Cuisson : 5 minutes

Ingrédients :
1 c. à soupe de beurre
1 oignon haché
2/3 tasse (120 g) de noix de cajou hachées grossièrement
1 c. à soupe de cari
2 pommes coupées en dés
2 tasses de riz à grain long cuit
2 c. à soupe de miso dilué dans 2 c. à soupe d'eau chaude
1 tasse de yogourt nature

Préparation :
Dans le beurre, faire revenir l'oignon et les noix pendant 2 minutes. Ajouter le cari, les pommes et le riz, puis bien mélanger. Retirer du feu, ajouter le miso et mélanger.

Servir chaud avec le yogourt.

dahl indien
Dahl indien (plat de lentilles)

Dans les diverses cuisines de l'Inde, le secret de la réussite de tout mets réside dans la fraîcheur des épices qui viennent donner un relief singulier au goût des légumineuses et des céréales. Les épices sont généralement achetées entières, puis moulues au besoin. Dans la préparation du dahl, il est de loin préférable de choisir des tomates de saison. Si cela est impossible, on utilise des tomates entières en conserve. Le dahl peut être servi avec le riz cinghalais, du yogourt ou, tout simplement, avec du riz brun et des légumes verts. Les amateurs de pain peuvent ajouter des chapati au menu.

Pour 6 personnes
Préparation : 15 minutes
(excluant le trempage des lentilles)
Cuisson : 20 minutes

Ingrédients :
1 tasse de petites lentilles vertes
1 c. soupe d'huile
1 oignon haché
2 gousses d'ail hachées
1 c. à soupe de curcuma
1 c. à soupe de gingembre en poudre
1 c. à soupe de cumin
6 tomates coupées en huit
2 c. à soupe de miso dilué dans un peu de jus de cuisson

Préparation :
Tremper les lentilles dans une casserole de 2 litres pendant environ 2 heures. Égoutter et recouvrir d'eau. Amener à ébullition et cuire les lentilles durant 10 minutes ou jusqu'à ce que l'on puisse les écraser aisément entre le pouce et l'index. Égoutter et rincer. Attention : des lentilles trop cuites deviennent pâteuses.

Dans une casserole plus grande, chauffer l'huile et y faire revenir l'oignon et l'ail pendant 2 minutes. Ajouter le curcuma et le gingembre, puis bien mélanger. Ajouter le cumin, les tomates et les lentilles. Mélanger tout en amenant à ébullition, puis réduire le feu et laisser mijoter durant 5 minutes. Retirer du feu, ajouter le miso et mélanger. Servir chaud.

trucs et astuces

Badigeonner le maïs en épi (blé d'Inde) d'un peu de miso au lieu de beurre. Le maïs devient ainsi plus digeste.

Ajouter du miso aux fèves et aux haricots facilite la digestion et diminue la production de gaz provoquant la flatulence.

Les légumes et
les accompagnements

légumes et
accompagnements

D'inspiration japonaise, ces petites fèves vertes
sont servies comme légumes d'accompagnement.
Elles font merveille avec les darnes de saumon
à la japonaise.

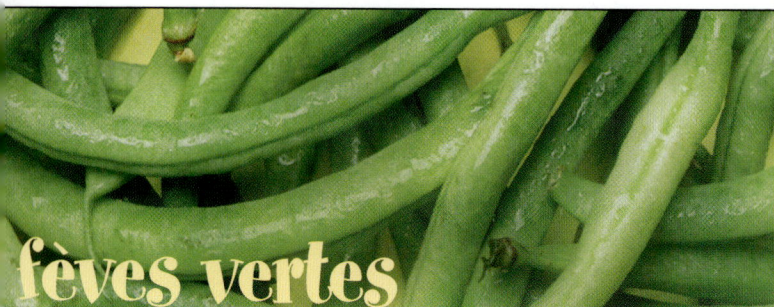

Fèves vertes
à l'huile de sésame et à l'ail

Pour 4 personnes
Donne 2 tasses
Préparation : 10 minutes
Cuisson : 10 minutes

Ingrédients :
2 tasses de haricots verts coupés en deux ou en trois
1 c. à soupe d'huile de sésame
3 gousses d'ail émincées
1 c. à soupe de miso dilué dans 1 c. à soupe d'eau chaude

Préparation :
Précuire les fèves dans l'eau bouillante pendant 5 minutes. Bien égoutter.

Dans une poêle, chauffer l'huile de sésame et y faire sauter l'ail pendant
2 à 3 minutes. Ajouter les haricots et les faire revenir tout en mélangeant durant
2 minutes. Retirer du feu, puis ajouter le miso. Bien mélanger et servir.

Épinards à l'africaine

épinards à l'africaine

Dans sa version originale, ce plat fait partie de la cuisine de l'Afrique des Grands Lacs. Au Rwanda, au Burundi, en Ouganda et au Congo, ce plat à base de dodos, un légume-feuille, accompagne la pâte de manioc, les haricots (ibishyimbo) et les bananes plantains (ibitoke). En adaptation québécoise, voici donc une façon délicieuse et originale de consommer les épinards.

Les épinards à l'africaine peuvent être servis comme légume d'accompagnement avec du riz, du bulghur, des pommes de terre en purée ou des bananes plantains.

Pour 4 personnes
Préparation : 15 minutes
Cuisson : 15 minutes

Ingrédients :
2 tasses d'eau
1 paquet d'épinards (en sachet ou congelés)
1 oignon haché grossièrement
3 gousses d'ail émincées
2 c. à soupe d'huile d'olive
3 tomates moyennes broyées
1 c. à soupe de beurre d'arachide amolli avec un peu de tomate broyée
2 c. à soupe de miso dilué dans 2 c. à soupe d'eau chaude

Préparation :
Faire bouillir l'eau dans une casserole assez grande pour accueillir le contenu du paquet d'épinards. Laver les feuilles et les plonger dans l'eau en ébullition le temps qu'elles s'assouplissent et commencent à se réduire (maximum 5 minutes). Retirer du feu, égoutter, laisser refroidir un peu et hacher finement.

Dans une poêle, chauffer l'huile et faire glacer l'oignon et l'ail. Ajouter les tomates et cuire pendant 10 minutes. Ajouter le beurre d'arachide et les épinards, puis bien mélanger. Retirer du feu, ajouter le miso et mélanger. Servir chaud.

Dans les collines du Rwanda et du Burundi, les habitations des paysans se situent généralement au milieu de leur bananeraie où l'on trouve, essentiellement, deux variétés de bananes : les bananes à bière, avec lesquelles les épouses rivalisent dans la fabrication de l'urwagwa, et les bananes à cuire. En période de soudure, lorsque les cultures saisonnières ne sont pas encore prêtes à être récoltées et que les réserves de la saison précédente s'épuisent, le plantain est toujours là pour fournir les calories nécessaires à la survie. Ici, il remplace la pomme de terre et les autres féculents. On le sert en accompagnement avec les ibishyimbo et les épinards ou d'autres légumes verts.

Ibitoke au miso
(plantains ou bananes à cuire)

Pour 4 personnes
Préparation : 10 minutes
Cuisson : 25 minutes

Ingrédients :
4 gros plantains coupés en rondelles de 2 po (4 cm)
2 c. à soupe d'huile
1 oignon haché finement
3 gousses d'ail broyées
2 tasses d'eau
3 branches de céleri hachées finement
3 branches de persil hachées finement
Piment fort au goût
2 c. à soupe de miso dilué dans 1/4 de tasse d'eau chaude

Préparation :
Peler et laver les plantains. À feu moyen, chauffer l'huile dans une casserole et y faire revenir l'oignon et l'ail pendant 2 minutes. Ajouter les bananes et le piment et cuire durant 4 minutes en remuant.

Ajouter l'eau et le céleri, puis cuire à feu modéré pendant 20 minutes en remuant régulièrement. Lorsque les bananes sont tendres, retirer la casserole du feu, ajouter le miso et mélanger. Saupoudrer de persil haché. Servir chaud.

Voici une façon à la fois délicieuse et très diététique de consommer le maïs. La surprenante simplicité de sa préparation ne fait qu'ajouter à la finesse de ce plat. Préparé ainsi, le maïs se sert en accompagnement. Si l'on préfère manger le maïs en épi, le miso peut y être étalé directement avec un couteau, en remplacement du beurre. Servi avec le miso, le maïs devient plus facile à digérer, et les risques de flatulence en sont réduits.

Maïs au miso maïs au miso

Pour 4 personnes
Donne 2 tasses (500 ml)
Préparation : 10 minutes
Cuisson : 10 minutes

Ingrédients :
1 c. à soupe de beurre
2 tasses de grains de maïs non cuits
1 1/2 c. à soupe de miso dilué dans 2 c. à soupe d'eau chaude

Préparation :
Dans une poêle, fondre le beurre à feu moyen et ajouter le maïs. Cuire jusqu'à ce qu'il soit tendre, soit entre 5 et 10 minutes, en remuant de temps en temps. Retirer du feu, ajouter le miso et mélanger. Servir chaud.

Ratatouille niçoise

ratatouille niçoise

La préparation d'une ratatouille est certainement une façon agréable de mettre en valeur les légumes frais du potager.

Pour 6 personnes
Préparation : 20 minutes
Cuisson : 25 minutes

Ingrédients :

3 c. à soupe d'huile d'olive
2 oignons hachés finement
3 gousses d'ail hachées
1 aubergine moyenne taillée en rondelles de 1 po (2 cm)
5 tomates coupées en demi-quartiers
2 ou 3 petites courgettes taillées en rondelles de 1/2 po (1 cm)
2 poivrons verts coupés en grosses lanières
1 c. à thé de basilic
1/2 c. à thé de thym
2 c. à soupe de miso dilué dans un peu de jus de cuisson
1 c. à soupe de persil
Fromage parmesan frais râpé

Préparation :

Dans une casserole, chauffer l'huile et y dorer l'oignon et l'ail. Ajouter l'aubergine et les tomates, puis cuire pendant 4 à 5 minutes en remuant de temps en temps. Ajouter la courgette, les poivrons et les assaisonnements. Laisser mijoter en brassant régulièrement, jusqu'à ce que les légumes soient tendres, soit durant environ 20 minutes. Retirer du feu, ajouter le miso et mélanger. Servir en saupoudrant chaque portion d'un peu de persil et de parmesan.

Les sauces et les vinaigrettes

Vinaigrette du moutardier

Donne 1/2 tasse (125 ml)
Préparation : 10 minutes

Ingrédients :
2 c. à soupe de miso
3 c. à soupe de vin blanc
2 c. à thé de moutarde de Dijon
3 c. à soupe d'huile d'olive
2 gousses d'ail écrasées

Préparation :
Mélanger le miso, le vin, la moutarde et l'ail. Ajouter l'huile en un mince filet tout en mélangeant.

Dans toutes les cuisines du monde, la moutarde est connue de très longue date. Elle se retrouvait déjà sur la table des anciens Égyptiens, des Grecs et des Romains. Au XIIe siècle à Avignon, le pape Jean XXII créa même une charge de « premier moutardier », lequel devait contrôler la qualité de la moutarde que l'on servait dans son palais.

Cette vinaigrette va bien avec la salade aux haricots à la grecque et la salade de pois chiches. Elle peut également être servie, par exemple, sur une assiette de petits cubes de féta et de tranches de tomates parsemés d'un peu d'oignon haché finement.

Vinaigrette à la mayonnaise

vinaigrette
à la mayonnaise

Donne 1/3 de tasse (85 ml)
Préparation : 5 minutes

Ingrédients :
3 c. à soupe de vinaigre de riz
3 c. à soupe de miso
3 c. à soupe de mayonnaise

Préparation :
Mélanger d'abord le vinaigre et le miso.
Ajouter la mayonnaise.

Cette vinaigrette
accompagne les salades
de pâtes ou de pommes
de terres ou, tout
simplement, est servie
sur des tranches de
tomates saupoudrées
de persil frais ciselé.

Vinaigrette au yogourt et au miel

vinaigrette au yogourt et au miel

Donne 1 tasse (250 ml)
Préparation : 5 minutes

Ingrédients :
2 c. à soupe de miso
2 c. à soupe de vinaigre de cidre
3 c. à soupe de yogourt nature
1 c. à soupe de miel
3 gousses d'ail émincées
3 c. à soupe d'huile d'olive

On assiste ici au
mariage réussi entre
le goût de pomme acide
du vinaigre de cidre,
celui légèrement acidulé
du yogourt et la douce
caresse du miel. Cette
vinaigrette accompagne
bien la salade chinoise.

Préparation :
Mélanger d'abord le miso et le vinaigre. Ajouter le yogourt, le miel,
l'ail et, tout en mélangeant, verser l'huile en un mince filet.

sauce aux arachides

Sauce aux arachides

La sauce aux arachides, légèrement relevée, est le complément idéal des rouleaux de printemps. Celle-ci s'inspire d'une recette thaïlandaise qui suggère que les convives roulent eux-mêmes leurs rouleaux en y mettant les ingrédients de leur choix, offerts sur un plateau à compartiments placé au centre de la table.

Donne 1 tasse (250 ml)
Préparation : 10 minutes

Ingrédients :
2 c. à soupe d'oignon haché finement
1/2 tasse de beurre d'arachide
1 c. à soupe de miel
1 c. à soupe de nuoc man ou de nampla
1 tasse d'eau tiède
1 c. à thé de moutarde de Dijon ou de graines
de moutarde moulues
1/4 à 1/2 c. à thé de piment fort séché ou
de piment habañero frais haché
2. c. à soupe de fécule de maïs bio ou 1 c. à soupe
de fécule de marante (arrow-root) diluée dans 1/4
de tasse d'eau
2 c. à soupe de miso dilué dans 1 c. soupe d'eau chaude

Préparation :
    Dans une petite casserole, mélanger tous les ingrédients sauf la fécule et le miso. Cuire à feu lent jusqu'à ébullition. Ajouter la fécule. Mélanger jusqu'à épaississement; le mélange peut devenir relativement ferme. Retirer du feu, ajouter le miso et mélanger. Servir tiède.

Sauce aïoli

sauce aïoli

Cette sauce, qui arrive à séduire même les plus indifférents aux choses de la table, se sert très bien comme trempette avec des crudités et comme sauce pour la fondue chinoise.

Donne 1/2 tasse (125 ml)
Préparation : 5 minutes

Ingrédients :
3 c. à soupe de mayonnaise
6 c. à soupe de yogourt
3 à 4 gousses d'ail pressées
1 c. à thé de miso

Préparation :
Mélanger tous les ingrédients dans un bol.

Sauce barbecue au miso

sauce barbecue au miso

Donne 1 3/4 tasse (435 ml)
Préparation : 10 minutes
Cuisson : 20 minutes

Ingrédients :
1/4 de tasse d'huile d'olive
1 oignon haché finement
3 gousses d'ail hachées
2 c. à soupe de vinaigre de vin rouge
1/4 de tasse de ketchup
1 c. à thé de paprika
1/2 tasse d'eau
3 c. à soupe de miso dilué dans
2 c. à soupe d'eau chaude

Cette sauce accompagne de façon délicieuse les croquettes de « tofu burger », le poulet et les pâtés à la viande qui, grâce au miso, deviennent plus digestes. On peut en badigeonner des viandes ou des bananes plantains à cuire au four. Elle va également bien avec la fondue chinoise.

Préparation :
Chauffer l'huile dans une petite casserole et y faire revenir l'oignon et l'ail à feu doux pendant 5 minutes. Ajouter les autres ingrédients sauf le miso, amener à ébullition et laisser mijoter durant 15 minutes. Retirer du feu, ajouter le miso et bien mélanger.

Marinade pour brochettes

marinade pour brochettes

Donne 2/3 de tasse (170 ml) (pour 12 brochettes)
Préparation : 10 minutes

Ingrédients :
3 c. à soupe de miso dilué dans 1/4 de tasse d'eau chaude
1 c. à soupe de miel liquide
1 c. à soupe de gingembre haché finement
3 gousses d'ail broyées
1 échalote hachée finement
3 c. à soupe d'huile d'olive

Préparation :
Mélanger le miso, le miel, le gingembre, l'ail et l'échalote. Ajouter l'huile d'olive en un mince filet, tout en battant avec un fouet jusqu'à ce que le mélange soit homogène et lisse. À l'aide d'un pinceau, badigeonner ce mélange sur les brochettes de son choix.

Laisser reposer au réfrigérateur 1 à 2 heures avant de cuire.

Cette délicieuse marinade sert, à la fois, à aromatiser ce qu'on a enfilé sur les brochettes et, le cas échéant, à attendrir les viandes grâce à la présence des protéases qui en augmentent la digestibilité.

marinade
aigre-douce au miso

Marinade aigre-douce au miso

Rapide à préparer, cette marinade est très efficace pour attendrir les viandes et pour améliorer la valeur nutritionnelle du tofu. Elle donne un goût de festin à tout ce qu'on veut bien lui confier.

En marinade, l'action du miso permet de réduire les quelques 15% de facteurs antinutritionnels du soya encore contenus dans le tofu et de contrer l'effet acidifiant de ce dernier.

Donne 3/4 de tasse (185 ml)
Préparation : 10 minutes

Ingrédients :
3 c. à soupe de miso
3 c. à soupe de jus de citron
2 c. à soupe de miel
3 gousses d'ail pressées ou émincées
5 c. à soupe d'huile d'olive

Préparation :
Bien mélanger le miso, le jus de citron, le miel et l'ail. Ajouter l'huile d'olive en un mince filet tout en mélangeant.

Dans cette préparation, laisser mariner des cubes de tofu, des saucisses, des viandes ou du poisson durant 1 à 2 heures. Puis, selon le cas, cuire ces aliments au four ou à la poêle, en les nappant ou en les badigeonnant du restant de la précieuse marinade.

trucs et astuces

Dans la préparation
du pain, remplacer
le sel par 1/2 c. à
thé de miso. Le pain
lèvera mieux grâce
à la présence des
amylases.(L'industrie
ajoute aux farines
commerciales des
amylases qui sont
issues des mêmes
types de cultures
que celles du miso.)

Rehausser la saveur
de la compote de
pommes en y ajoutant
un peu de miso,
après cuisson.

autres recettes

Autres recettes utiles

Bouillon de sevrage

Préparation : 5 minutes

Ingrédients :
1/2 c. à thé de miso dilué dans un peu d'eau bouillie
1 tasse d'eau

Préparation :
Faire bouillir l'eau. Retirer du feu et ajouter le miso déjà dilué. Laisser reposer pendant quelques minutes. Recueillir 2 c. à soupe du bouillon de surface et l'ajouter au lait, au jus, aux céréales ou tout simplement à de l'eau bouillie. Servir à l'enfant trois à quatre fois par jour.

Ce bouillon peut être donné aux enfants âgés de 4 mois et plus. Il améliore la digestion et facilite ainsi le sevrage. Il peut aussi servir de solution de réhydratation lorsque l'enfant souffre de diarrhée.

Lait de soya

De plus en plus présent sur les étalages des produits naturels, le lait de soya peut être un substitut aux laits animaux parce qu'il est, lui aussi, riche en protéines, en vitamines et en oligoéléments. De plus, il se digère plus facilement. Voici une recette simple à réaliser. On peut améliorer la qualité protéique de cette préparation en ajoutant, pour chaque tasse de lait de soya, 1 tasse de lait de riz, que l'on trouve dans les magasins de produits naturels. On peut également fabriquer ce lait avec 1 tasse de soya et 1 1/2 tasse de riz. Les protéines du riz viennent alors compléter celles du soya. Il importe de choisir un soya qui se prête bien à cette utilisation, c'est-à-dire une variété de soya riche en protéines et pauvre en huile.

Donne 5 à 6 tasses
Préparation : 15 minutes
Cuisson : 25 minutes

Ingrédients :
2 tasses de soya sec biologique
8 tasses d'eau

Préparation :
Bien nettoyer le soya. Le faire tremper dans de l'eau toute une nuit. Le lendemain matin, drainer et rincer le soya. Dans un grand mortier, réduire le soya en pâte. On peut aussi faire cette pâte au robot culinaire en y passant la moitié du soya à la fois avec 1 tasse d'eau. Transférer la pâte dans une grande casserole à fond épais, y verser le reste de l'eau (6 ou 8 tasses, selon le cas) et bien mélanger. Cuire à feu moyen pendant 20 minutes à partir du moment où le mélange commence à bouillir. Brasser régulièrement. Le lait a tendance à mousser; s'il risque de déborder de la casserole, brasser constamment et réduire le feu. Laisser refroidir, puis filtrer à travers un tissu propre. Presser le tissu à la main et extraire le maximum de liquide.

Afin d'améliorer la saveur et la valeur nutritive du lait, ajouter du sirop d'érable ou du miel, un peu d'huile d'amande douce et 1 c. à soupe de levure sèche. Et pour diminuer son effet acidifiant, ajouter 1/4 de c. à thé de miso préalablement dilué dans un peu d'eau. Le lait se conserve environ 5 jours au réfrigérateur.

Yogourt de soya

Une fois qu'on a fabriqué le lait de soya, il est facile d'en faire du yogourt. La fermentation augmente la digestibilité du lait de soya. Le yogourt de soya, tout comme le yogourt traditionnel, contient des lactobacilles, bactéries probiotiques pouvant prévenir et traiter diverses infections microbiennes.

Pour aromatiser le yogourt et en améliorer la valeur nutritive, on peut lui ajouter, après fermentation, des fruits broyés ou coupés en petits morceaux, du miel ou du sirop d'érable.

Donne 5 tasses
Préparation : 10 minutes
Cuisson : 5 minutes

Ingrédients :
5 tasses de lait de soya
4 à 5 c. à soupe de yogourt de lait frais ou 1 sachet de culture à yogourt

Préparation :
Bien nettoyer un thermos d'une contenance de 2 litres et le rincer à l'eau bouillante.

Amener le lait de soya à une température de 113 °F (45 °C), ajouter le yogourt et bien mélanger. Verser le mélange dans le thermos, puis fermer hermétiquement. Laisser reposer 5 heures. Après ce délai, le lait est caillé, et le yogourt de soya est prêt. Transférer le yogourt dans un récipient propre, puis réfrigérer. Le yogourt de soya se conserve pendant 1 à 2 semaines au réfrigérateur.

La germination

la germination

Par la germination, la valeur nutritive du haricot est améliorée, son goût est modifié, et il est assimilé plus facilement. Au même titre que le miso, les germes sont riches en enzymes, ce qui les rend très intéressants au regard de l'alimentation hivernale, lorsqu'il n'y a plus de légumes de saison. On peut faire germer n'importe quel type de graines, comme le soya, le blé, la luzerne, la moutarde, l'oignon, etc. Le temps de germination varie selon le type de graines.

Le haricot mungo occupe une place importante dans la cuisine de plusieurs pays asiatiques. Son germe est l'ingrédient de base du chop soui. Point à souligner, l'expression « fèves germées » est à éviter : d'abord, parce qu'il ne s'agit pas de fèves mais de haricots, puis parce que ce n'est pas le haricot que l'on consomme, mais le germe lui-même.

Les germes de haricots mungo se consomment, par exemple, en salade (salade chinoise) ou dans une variété de plats cuisinés tels que la soupe à l'orientale, les rouleaux de printemps, etc. Ce haricot est une excellente source d'acide folique.

Ingrédients :
1/4 tasse de haricots mungo secs, biologiques de préférence
1 litre d'eau

Préparation :
Bien nettoyer les haricots. Dans un bol d'une contenance de 1 à 2 litres, faire tremper les haricots dans l'eau durant toute une nuit. Le lendemain, égoutter, rincer et fermer l'ouverture du bocal à l'aide d'un tissu propre retenu par un élastique. Tout en maintenant le tissu, placer le bocal à la renverse sur une assiette. Si le bocal est transparent, le placer dans un endroit sombre afin d'éviter que la lumière fasse verdir les germes.

Rincer les haricots à l'eau propre deux fois par jour pendant 5 jours, de préférence le matin et le soir. Après ce délai, la germination est complétée.

Faire ses pâtes :
simple et facile

Les pâtes alimentaires de bonne qualité sont préparées avec une variété de blé dur, le blé durum, qui a une haute teneur en protéines et qui est donc riche en gluten et plus pauvre en amidon que la farine de blé mou. Elles peuvent toutefois être fabriquées à partir d'autres farines : sarrasin, riz, maïs, soya, haricots mungo. Pour les personnes intolérantes au blé, le Kamut ou l'épeautre demeurent des solutions intéressantes. On peut aussi leur ajouter divers ingrédients : épinards, tomates, carottes, betteraves, fines herbes et épices.

Pour 6 à 8 personnes
Préparation : 20 minutes
Cuisson : 3 à 5 minutes

Ingrédients :
3 tasses de farine de blé entier
1 c. à thé de sel
4 œufs entiers
1 c. à soupe d'huile
Eau, si nécessaire

Préparation :

Dans un bol à mélange (cul-de-poule), tamiser ensemble la farine et le sel. Former un puits au centre de la farine, y mettre les œufs et l'huile. À l'aide d'une fourchette, battre les œufs dans l'huile tout en raclant les bords du puits afin d'ajouter la farine progressivement. Former une boule et pétrir à la main pendant 10 minutes, jusqu'à ce que la pâte soit lisse. Ajouter un peu de farine si la pâte colle aux doigts ou un peu d'eau froide si elle est sèche ou difficile à pétrir. Diviser la boule en quatre portions et laisser reposer environ 30 minutes.

Pour façonner les pâtes, enfariner la surface de travail et y abaisser chaque portion en une couche très mince de forme carrée. Saupoudrer de la farine sur l'abaisse, enrouler celle-ci sur elle-même, puis couper des petits rouleaux de la largeur voulue pour ensuite les dérouler. Évidemment, le travail est simplifié si l'on possède une machine à faire les pâtes...

Suspendre les pâtes fraîches sur une corde ou les étendre sur un linge afin qu'elles sèchent pendant une petite heure avant la cuisson.

Pour cuire les pâtes, remplir une grande casserole aux trois-quarts d'eau. Amener l'eau à pleine ébullition, y plonger les pâtes et cuire à découvert de 3 à 5 minutes. Égoutter les pâtes dans une passoire et servir chaud avec une sauce de son choix.

Chapati (pain sans levure)

Pita au Moyen-Orient, tortilla au Mexique ou chapati en Inde, voici la recette toute simple du pain plat sans levure ni levain.

Les chapati sont servis chauds ou froids farcis de boulettes au tofu et au miso, de quelques cubes de tomate, de laitue hachée et d'un peu de sauce aïoli. Ces petits pains plats peuvent aussi être servis en accompagnement avec les haricots aux tomates et aux graines de tournesol ou encore avec le dahl indien.

Donne 10 à 12 pains
Préparation : 20 minutes
Cuisson : 20 minutes

Ingrédients :
3 tasses de farine entière
1 tasse d'eau tiède
Un peu d'huile ou de beurre

Préparation :
Tamiser la farine. Creuser un puits au centre et y verser l'eau tiède. Mélanger la farine et l'eau de façon à former une boule. Pétrir la pâte, la plier et la replier sur elle-même durant 10 à 15 minutes, jusqu'à ce qu'elle devienne souple. Tout en pétrissant, ajouter de la farine, une pincée à la fois, jusqu'à ce que la pâte ne colle plus aux doigts. Il faut cependant prendre soin de ne pas trop en ajouter, car le pétrissage deviendrait difficile.

Diviser la pâte en 10 à 12 portions égales façonnées en petites boules. Enfariner une planche ou la surface de travail. Abaisser chaque boule avec le rouleau de façon à former une galette mince et ronde d'environ 6 po (15 cm) de diamètre.

À feu moyennement vif, dans une poêle sans huile, cuire chaque pain de chaque côté pendant environ 2 minutes; éviter de brûler. Recuire un peu de chaque côté, si nécessaire. Immédiatement après la cuisson, badigeonner chaque pain d'un peu d'huile ou de beurre et les empiler en attendant de servir.

Bines sans lard santé (haricots)

Voici une version santé des « bines au lard » des chantiers de nos grands-pères. Ces fèves ont l'avantage d'être très digestes, sans aucun gras ajouté et presque à l'épreuve des flatulences. Le fait d'ajouter le miso après cuisson rend les haricots très digestibles, même pour les personnes qui, habituellement, ne les digèrent pas bien.

Pour 8 personnes
Préparation : 10 minutes
Cuisson : 10 heures

Ingrédients :
450 g ou 2 tasses de haricots blancs secs
1/2 tasse de sucre brun, de miel ou de sirop d'érable
1/4 de tasse de mélasse
2 gousses d'ail entières avec la pelure
1 oignon coupé en deux
1/2 c. à thé de moutarde sèche
1/2 de tasse de miso mélangé à 1/2 de tasse d'eau chaude

Préparation :
Dans une rôtissoire ou une grande casserole allant au four, mélanger tous les ingrédients sauf le miso. Ajouter suffisamment d'eau pour recouvrir le tout de 1/2 po (1 cm) si on utilise une rôtissoire, de 1 po (2 cm) si on utilise une casserole. Cuire au four à 250 °F (120 °C) toute une nuit (une dizaine d'heures). Après cuisson, ajouter le miso, mélanger et servir chaud.

La plupart des intolérances au lait sont dues à une déficience en lactase, l'enzyme qui permet de scinder les molécules de lactose en glucose et en galactose. Le miso contient de la lactase. Aussi, lorsqu'on l'ajoute au lait et qu'on le laisse fermenter durant quelques heures, ce dernier peut enfin devenir digeste pour les personnes qui, habituellement, le digèrent mal ou ne le tolèrent pas.

Lait plus digeste

Donne 1 litre
Préparation : 5 minutes
Durée de fermentation : 4 heures

Ingrédients :
1 litre de lait
1/2 c. à thé rase de miso

Préparation :
Chauffer le lait jusqu'à ce qu'il soit tiède (113 °F ou 45 °C). Ajouter le miso et bien mélanger avec un fouet.

Mettre le lait au miso dans un thermos de 2 litres, ou le laisser dans la casserole, puis laisser reposer au four durant 4 heures avec la lumière allumée.

Vérifier si on le tolère mieux, en consommant un peu de lait à la fois.

La choucroute
et la lacto-fermentation

La choucroute est généralement présentée comme un plat traditionnel d'Alsace. Mais selon certains historiens, la première choucroute aurait été faite, non pas en Alsace, mais en Chine, pour nourrir les centaines de milliers d'ouvriers qui travaillèrent à la construction de la Grande Muraille (Aubert, 1985). Quoiqu'il en soit, la choucroute est consommée en France, en Allemagne, en Russie, en Bulgarie, en Pologne, en Chine, en Corée, en Indonésie, etc.

De nombreuses observations ont montré que les bactéries pathogènes étaient tuées ou inactivées dans les produits lacto-fermentés. La lacto-fermentation limite donc les risques de propagation de plusieurs maladies infectieuses : d'une part, l'acide lactique produit par la fermentation inhibe le développement des micro-organismes pathogènes; d'autre part, la fermentation produit des substances antibactériennes et antiobitiques, des lactobacilles et des enzymes.

La choucroute, riche en lactobacilles, est une importante source de vitamine C. Cela en fait un aliment d'hiver tout indiqué. Au Moyen Âge et à la Renaissance, pendant les longs voyages en mer, on l'utilisait comme médecine contre le scorbut, maladie provoquée par une forte carence en vitamine C.

Dans la méthode de fermentation présentée ici, le choux peut-être remplacé ou accompagné par de la laitue, des carottes, du navet, des oignons, des tranches de radis, etc. On peut laisser libre cours à son imagination. Quelle que soit la recette, le principe - que l'on retrouve dans tous les légumes lacto-fermentés – reste le même : les légumes, coupés ou entiers, doivent baigner dans leur jus ou dans de l'eau légèrement salée. C'est la condition pour que la fermentation lactique, anaérobie, se développe, et c'est la raison du couvercle (assiette) alourdi d'une pierre que l'on pose toujours sur les légumes en cours de fermentation et de conservation.

La choucroute se consomme chaude ou froide. Après fermentation, le liquide peut également être consommé.

Préparation : 30 minutes
Durée de fermentation : 9 à 14 jours

Ingrédients :
3 kg (6 à 7 lbs) de chou tranché en fines lamelles (2 à 3 choux)
5 c. à soupe de sel de mer (75 g)
2 c. à soupe de baies de genièvre

Préparation :
Laver les choux, leur enlever le cœur et les couper en quartier. Trancher le chou en fines lamelles de 1 à 2 mm d'épaisseur. Mélanger le chou, le sel et les baies de genièvre.

Tapisser le fond d'une jarre de 4 à 5 litres de quelques feuilles de chou, y déposer le mélange et le tasser en pressant fermement. Couvrir de quelques feuilles de chou.

Couvrir d'un tissu de coton épais en rabattant les bords du tissu entre la paroi de la jarre et la masse de chou. Y déposer, à la renverse, une assiette épaisse au diamètre légèrement plus petit que celui de la jarre, de façon à recouvrir un maximum de surface. Sur l'assiette, déposer une pierre des champs de 1 kg ou un contenant rempli de 1 litre d'eau, hermétiquement fermé. Si on utilise une pierre, celle-ci doit être sans fissure, lavée au savon, bien rincée et stérilisée pendant 40 minutes à l'autocuiseur. Couvrir la jarre d'une feuille de plastique transparent retenue au moyen d'un élastique. Après quelques jours, le liquide à la surface devrait atteindre une hauteur de 10 à 15 cm au dessus de la masse de chou. Si ce n'est pas le cas, ajouter un peu de poids supplémentaire. Au total, laisser fermenter pendant 9 à 14 jours, à la température de la pièce, jusqu'à ce que les bulles ne montent plus à la surface. Chaque jour, prendre quelques instants pour prélever l'écume qui se forme à la surface du liquide.

Après la fermentation, la choucroute peut être conservée dans sa jarre dans un endroit frais, de préférence au réfrigérateur, pendant quelques mois.

Bibliographie

ARAI, Y., M. UEHARA, Y. SATO, M. KIMIRA, A. EBOSHIDA, H. ADLERCREUTZ et S. WATANABE. *Comparison of isoflavones among dietary intake, plasma concentration and urinary excretion for accurate estimation of phytoestrogen intake,* Journal of Epidemiology, mars 2000, 10 (2), 127-135.

ARIMA, Y., et T. UOZUMI. *A new method for estimation of the mycellium weight in koji,* Agr. Biol. Chem., vol. 31, 1967, p. 119-123.

AUBERT, Claude. *Les aliments fermentés traditionnels, une richesse méconnue,* Éditions Terre Vivante, Paris, 1985, p. 32-228.

BAILEY, James E., et David F. OLLIS. *Biochemical Engineering Fundamentals, Isolation and Utilization of enzymes,* chap. 4, McGraw-Hill, 1977, p. 155-220.

BIENVENIDO, O. *Rice: chemistry and technology, American association of cereal,* Min., 1985, 645 p.

BLAIN, J. A. *Industrial enzyme production, « The filamentous fungi »,* Industrial Mycology, vol. I, Edward Arnold Ltd., Great Britain, 1975, p. 193-211.

BOUTIN, Denis. *« Agriculture et environnement : la difficile cohabitation »,* L'AGORA, vol. 8 no 3, juin-juillet 2001, p. 15-16.

CHEVALIER, Andrew. *Encyclopédie des plantes médicinales,* Sélection du Reader's Digest, Montréal, 1997, 336 p.

CYR, Josiane. *« Aliments acides, aliments alcalins »,* section Santé du Dimanche Magazine, cahier B, journal Le Soleil, 14 novembre 1999, p. 3.

CYR, Josiane. *« Les arbres en supplément »,* Les Conseils de Josiane, La Bonne Table, cahier I, journal Le Soleil, 21 avril 2001, p. 7.

CYR, Josiane. *« Pourquoi consommer des sources de protéines »,* Les Conseils de Josiane, La Bonne Table, cahier G, journal Le Soleil, 30 juin 2001, p. 6.

CYR, Josiane. *« Menu du futur : fini les viandes et les produits laitiers »,* Les conseils de Josiane, La Bonne Table, cahier I, journal Le Soleil, 29 janvier 2000, p. 8.

CYR, Josiane. *« Eau pétillante sucrée : pas si naturelle »,* Les Conseils de Josiane, La Bonne Table, cahier I, journal Le Soleil, 27 janvier 2001, p. 8.

D'AMICO, Serge, et autres. *L'Encyclopédie visuelle des aliments,* Les Éditions Québec/Amérique, Montréal, 1996, 688 p.

DUFRESNE, Jacques. *« L'agriculture à l'heure de la complexité »,* L'AGORA, vol. 8 no 3, juin-juillet 2001, p. 5-8.

EBINE, H. *Industrialization of indigenous fermented foods,* Marcel Dekker Inc., New York, 1989, p. 89-125.

GAGNON, Yves. « Le Bio, une voie de contournement des OGM », *Bio-Bulle, le magazine du bio québécois,* Numéro 31, Spécial OGM, juin 2001, p. 30-34.

GOTOH, T., K. YAMADA, A. ITO, H. YIN, T. KATAOKA et K. DOHI. *Chemoprevention of N-nitroso-N-methylurea-induced rat mammary cancer by miso and tamoxifen, alone and in combination,* Jpn J. Cancer Res., mai 1998, 89 (5), p. 487-495.

HESSELTINE, C. W., et H. C. WANG. *Fermented Soybean food products,* Develop. Ind. Microbiol., 1972, p. 389-417.

HIROTA, A, S. TAKI, S. KAWAII, M. YANO et N. ABE. *1,1-Dipheny l-2-picrylhydrazyl radical-scavenging compounds from soybean miso and antiproliferative activity of isoflavones fron soybean miso toward the cancer cell lines,* Biosc Biotechnol Biochem, 64 (5), mai 2000, p. 1038-1040.

HIRAYAMA, Takeshi. *Relationship of soybean paste soup intake to gastric cancer risk,* Nutrition and Cancer, 1982, vol. 3, no 4, p. 223-233.

KAMEI, H., T. KOIDE, Y. HASHIMOTO, T. KOJIMA, T. UMEDA et M. Hasegawa. *Tumor cell growth-inhibiting effect of melanoidind extracted from miso and soy sauce,* Cancer Biother Radiopharm, 12 (6), 1997, p. 405-409.

KANDA, A., Y. HOSHIYAMA et T. KAWAGUSHI. *Association of lifestyle parameters with the prevention of hypertension in elderly Japanese men and women : a four-year follow-up of normotensive subjects,* Asia Pac. J. Public Health, 11 (2), 1999, p. 77-81.

KAUFMAN, P. B., J. A. DUKE, H. BRIELMANN, J. BOIK et J. E. HOYT. *A comparative survey of leguminous plants as source of the isoflavones genistein and daidzein : implications for human nutrition and health,* Journal of Alternative Complement Medecine, Printemps, 3 (1), 1997, p. 7-12.

KLAENHAMMER, Todd R. *Rôle fonctionnel des probiotiques basé sur leur génome et leur sélection,* Actes du Symposium international de Montréal, La santé par les probiotiques; À la découverte de la microflore intestinale, 13 octobre 2000, p. 8-13.

LACHAPELLE, Judith. « Les OGM pour les nuls », Actuel, cahier B, journal *La Presse,* 23 juillet 2001, p. 1, 3.

LACTAID. *When you suspect lactose intolerance,* Gold Cross Nutritional Supplements, Burnley, 1960, 13 p.

LAMBERT, P. W. *Industrial enzyme production and recovery from filamentous fungi,* The filamentous fungi, vol. 4, 1982, p. 210-237.

LANDRY, Karine. « Pour favoriser la santé cardiaque », *L'Acadie Nouvelle, Nutrition,* 12 mai 2000, p. 28.

LANDRY, Karine. « Le soya, une petite merveille », *L'Acadie Nouvelle,* Nutrition, 27 avril 2001, p. 31.

MAPAQ. *Les aliments certifiés biologiques. Un choix logique,* dépliant publié par le Ministère de l'Agriculture, des pêcheries et de l'alimentation du Québec, 2000.

MASAOKA, Y., H. WATANABE, O. KATOH, A. ITO et K. Dohi. *Effects of miso and NaCl on the development of colonic aberrant crypt foci induced by azoxymethane in F344 rats,* Nutr. Cancer, 32 (1), 1998, p. 25-28.

MATHIEU, Andrée. « *L'agriculture revue et corrigée par Dame Nature* », L'AGORA, vol. 8 no 3, juin-juillet 2001, p. 11-14.

MONETTE, Solange. *Dictionnaire encyclopédique des aliments,* Québec Amérique, Collection Santé/Dictionnaires, Montréal, 1989, 607 p.

MOO-YOUNG, M., A. R. Moreira et R. P. TENGRAY. *Principle of solid-substrate fermentation,* The filamentous fungi, vol. 4, 1982, p. 117-144.

NIWA, Y. *Oxidative injury and its defense system in vivo,* Rinsho Byori, 47 (3), mars 1999, p. 189-209.

OGAWA, A., M. Samoto et K. Takahashi. *Soybean allergens and hypoallergenic soybean products,* J. Nutr. Sci. Vitaminol, Tokyo, 46 (6), décembre 2000, p. 271-279.

PILON, Lise. « Des aliments génétiquement modifiés au supermarché. Que faut-il en penser? », *Bio-Bulle, le magazine du bio québécois,* Numéro 31, Spécial OGM, juin 2001, p. 5-27.

REED, Gerald. *Enzymes in food processing,* Academic Press, New York, 1977, 409 p.

ROY, Claude C. *Les probiotiques dans les syndromes diarrhéiques de l'enfant : en nomination mais pas encore élus,* Actes du Symposium international de Montréal, La santé par les probiotiques; À la découverte de la microflore intestinale, 13 octobre 2000, p. 48-50.

SAKURAI, Y., et autres. *The constituents of koji,* Agri. Biol. Chem., 41, 1977, p. 619-624.

SÉRALINI, Gilles-Éric. *OGM, le vrai débat.* Dominos, Flammarion, France, 2000, 128 p.

SHURTLEFF, William, et Akiko AOYAGI. *The Book of Miso,* Ten speed press, 1983, 278 p.

SHURTLEFF, William, et Akiko AOYAGI. *Miso Production, The Book of Miso: volume II,* The Soyfood Center, 1983, 80 p.

SMITH, J. E. *Aspergillus,* Plenum Press, New York, 1994, 257 p.

STEINKRAUS, K. H. *Handbook of indigenous fermented foods,* Marcel Dekker Inc., New York, 1983, 116 p.

WALKER, Kenneth-F. « *Le secret de la longévité* », section Santé, cahier C, journal La Presse, 4 mars 2001, p. 4.

WATANABE H., T. UESAKA, S. KIDO, Y. ISHIMURA, K. SHIRAKI, K. KURAMOTO, S. HIRAT, S. SHOJI, O. KATOH et N. Fujimoto. *Influence of concomitant miso or NaCl treatment on induction of gastric tumors by N-methyl-N'-nitro-N-nitrosoguanidine in rats,* Oncol. Rep., 6 (5), septembre et octobre 1999, p. 989-993.

YAMAMOTO, S., T. SOBUE, M. KOBAYASHI, S. SASAKI et S. TSUGANE. Soy, Isoflavones, and Breast Cancer Risk in Japan. For the Japan Public Health Center-Based Prospective Study on Cancer and Cardiovascular Diseases (JPHC Study) Group. Journal of the National Cancer Institute, Vol. 95, No. 12, June 18, 2003, p. 906-913.

YEOH, H. H., F.M. WONG et G. LIM. *Screening for fungal lipase using chromogenic lipid substrates,* Mycologia, vol.78, 1986, p. 298-300.

Mes Recettes

Mes Recettes

Mes Recettes

Mes Recettes

Mes Recettes

Mes Recettes

Mes Recettes

Mes Recettes

Tableau de conversion des poids et des volumes

1 oz = 28 grammes
4 oz = 112 grammes
8 oz = 227 grammes = 1 tasse
16 oz = 1 livre = 454 grammes

3 c. à thé = 1 c. à soupe = 15 ml
2 c. à soupe = 1 once = 30 ml

	ml	c. à soupe	c. à thé	oz liquides
1/4 tasse	65	4	12	2
1/3 tasse	85	6	18	3
1/2 tasse	125	8	24	4
2/3 tasse	170	10	30	5
3/4 tasse	185	12	36	6
1 tasse	250	16	48	8
1 litre	1000			32

LAURÉAT
2001
Concours québécois en entrepreneurship

Conception des recettes, documentation, recherche et rédaction :
Suzanne Dionne, spécialiste en alimentation.

Documentation, recherche, rédaction et photographies :
Gilbert Boulay, ing.f.

Conception graphique :
Olé communication